改正後の金融実務がわかる

Q&A
新相続法

三宅法律事務所　パートナー弁護士

渡邉雅之 著

ビジネス教育出版社

はじめに

　民法の相続関係の規定（相続法）が 2019 年〜 2021 年にわたり大改正されました。

　これは、高齢化社会の進展や家族の在り方に関する国民意識の変化等の社会情勢によるものです。

　改正は、①被相続人がなくなった場合に、配偶者の居住権を保護するための方策（配偶者短期居住権・配偶者居住権）、②婚姻期間が 20 年以上の配偶者が遺贈または贈与で受けた居住用不動産について相続財産に持ち戻すことを免除することを推定する規定、③最高裁判決の影響で預貯金債権が相続財産に含まれることになったことから、一定金額を家庭裁判所の仮処分または家庭裁判所の判断を得ないで仮に分割することを認める制度の創設、④これまで自書が要件であった自筆証書遺言の作成方法の緩和および逸失を防ぐための保管制度の創設、⑤遺留分減殺請求権についてこれまで株や土地建物が当然に分割されるこれまでの取扱いを変更し、金銭債権としての効力しか認めないこととすること、⑥相続人以外の被相続人の親族が、無償で被相続人の療養看護等を行った場合には、一定の要件の下で、相続人に対して金銭請求をすることができることになること、など多岐にわたります。

　いずれも、相続実務に大きく影響するものであり、また、金融機関の実務にも影響を与えるものです。本書は、この相続法の改正内容を分かりやすく具体的に Q&A 形式で説明するものです。相続法改正の理解の一助となれば幸いです。

　本書は、2019 年 1 月に発刊した「Q&A 新相続法」に最近動向と事例を追加した改訂版です。「Q&A 新相続法」と内容が重複していますのでご注意ください。

　最後に、本書の作成にご尽力いただきましたビジネス教育出版の編集部の高山芳英様に感謝を申し上げます。

弁護士法人　三宅法律事務所　パートナー弁護士
渡邉雅之

●目次

4　遺産分割制度の見直し

5　遺言制度の見直し

6 遺留分制度の見直し

7 相続による権利の承継

8 特別寄与者の取り扱い

凡　例

1 なぜ、相続法は改正されたのか

Q & A

① 民法の規定が憲法に違反していた ?!

　平成 25 年（2013 年）9 月 4 日に最高裁判所大法廷により、「嫡出でない子の法定相続分を嫡出子の法定相続分の 2 分の 1」とする民法の規定が、憲法に反するといういわゆる違憲判決がでました。法律の規定が憲法に違反していると判断されるのは極めて珍しく、この判決がきっかけで「民法の一部を改正する法律」（平成 25 年法律第 94 号）が成立し、同部分を削除する改正がされました（民法 900 条 4 号ただし書）。

② 数多くの問題点が発見された

　上記 1 の改正法案を国会審議の過程で、各方面から、民法改正が及ぼす社会的影響に対する懸念や配偶者保護の観点から、相続法制の見直しの必要性など様々な問題提起がされました。

　これらの指摘をふまえ、新たに設置された法務省の相続法制検討ワーキングチームは、平成 26 年（2014 年）1 月から平成 27 年（2015 年）1 月までの間で相続法制に関する問題点を洗い出しました。

　同ワーキングチームでは、主として次の 4 点について検討を行い、平成 27 年 1 月 28 日に「相続法制検討ワーキングチーム報告書」を公表しました。

---

①配偶者の一方が死亡した場合に、相続人である他方の配偶者の居住権を法律上保護するための措置
②配偶者の貢献に応じた遺産の分割等を実現するための措置
③寄与分制度の見直し
④遺留分制度の見直し

---

3 法制審議会　民法（相続関係）部会

1 2015年から改正のための審議を開始

　上記報告書を受けて、平成27年（2015年）2月24日、法制審議会総会（第174回会議）において、以下の諮問がなされました。

> ○民法（相続関係）の改正について（諮問第100号）
> 　高齢化社会の進展や家族の在り方に関する国民意識の変化等の社会情勢に鑑み、配偶者の死亡により残された他方配偶者の生活への配慮等の観点から、相続に関する規律を見直す必要があると思われるので、その要綱を示されたい。

　これを受けて、平成27年4月21日（第1回）より、法制審議会民法（相続関係）部会（部会長：大村敦志東京大学教授）において審議が開始され、合計26回の会議が平成30年1月16日までなされました。

2 中間試案

　平成28年（2016年）6月21日に開催された法制審議会民法（相続関係）部会第13回会議において、「民法（相続関係）等の改正に関する中間試案」が取りまとめられました。

　中間試案においては、次頁に関する試案が示されました。

> ①配偶者の居住権を保護するための施策（短期居住権・長期居住権の新設）
> ②遺産分割に関する見直し（配偶者の相続分の見直し等）
> ③遺言制度に関する見直し（自筆証書遺言の方式の緩和、保管制度の創設）
> ④遺留分制度に関する見直し
> ⑤相続人以外の者の貢献を考慮するための方策

平成 28 年 12 月 19 日最高裁大法廷決定において、共同相続された普通預金債権、通常貯金債権および定期貯金債権は、いずれも相続開始と同時に当然に相続分に応じて分割されることなく、遺産分割の対象となるとの判断が示されました。

中間試案のパブリックコメントで寄せられた意見や最高裁大法廷決定を受けて、法制審議会民法（相続関係）部会においても追加の検討がなされ、平成 29 年（2017 年）7 月 18 日に「中間試案後に追加された民法（相続関係）等の改正に関する試案（追加試案）」が取りまとめられました。

追加試案においては、「仮払制度等の創設・要件明確化」（相続された預貯金債権、生活費や葬儀費用の支払い、相続債務の弁済などの資金需要に対応できるよう、遺産分割前にも払い戻しが受けられる制度を創設）等の案が示されました。

❹ 要綱の採択・国会への法案の提出・成立

平成 30 年（2018 年）2 月 16 日、法制審議会総会において、「民法（相続関係）等の改正に関する要綱」採択され、同年 3 月 13 日に閣議決定を経て、「民法及び家事事件手続法の一部を改正する法律案」が国会（衆議院先議）に提出されました。

同法案は、同年 7 月 6 日に国会で成立し、同月 13 日に「民法及び家事事件手続法の一部を改正する法律」（平成 30 年 7 月 13 日法律第 72 号）が公布されました。

○改正の経緯

H25.9.4	**最高裁大法廷違憲判決** 民法900条4号ただし書の規定のうち嫡出でない子の相続分を嫡出子の相続分の2分の1とする部分は憲法違反
H25.12.5	**民法の一部を改正する法律成立** 民法900条4号ただし書前半部分（非嫡出子の相続分を嫡出子の2分の1とする部分）を削除
H27.1.28	相続法制検討ワーキングチーム報告書　公表
H27.2.24	**法制審議会 総会 第174回会議　民法（相続関係）の改正について（諮問第100号）** 「高齢化社会の進展や家族の在り方に関する国民意識の変化等の社会情勢に鑑み、配偶者の死亡により残された他方配偶者の生活への配慮等の観点から、相続に関する規律を見直す必要があると思われるので、その要綱を示されたい」
H27.4.21	法制審議会　民法（相続関係）部会（部会長：大村敦志東京大学教授）　第1回　審議開始
H28.6.21	**「民法（相続関係）等の改正に関する中間試案」** 取りまとめ
H28.12.19	**最高裁大法廷決定　H28.12.19民集70.8.2121** 共同相続された普通預金債権、通常貯金債権および定期貯金債権は、いずれも相続開始と同時に当然に相続分に応じて分割されることなく、遺産分割の対象となる
H29.7.18	**「中間試案後に追加された民法（相続関係）等の改正に関する試案（追加試案）」** 取りまとめ
H30.2.16	法制審議会総会　**民法（相続関係）等の改正に関する要綱** 採択
H30.7.6	**民法及び家事事件手続法の一部を改正する法律案** 国会で成立・公布（7月13日法律第72号）
施行	原則：令和元年7月1日（自筆証書遺言の要件の緩和は平成31年1月13日、配偶者居住権・配偶者短期居住権は令和2年4月1日、遺言書保管制度は令和2年7月10日）

2 改正法の概要

Q&A

❶ 配偶者の居住権を保護するための方策

[1] 配偶者短期居住権

ア　居住建物について配偶者を含む共同相続人間で遺産の分割をすべき場合の規律

　配偶者は相続開始の時に被相続人所有の建物に無償で居住していた場合、遺産分割によりその建物の帰属が確定するまでの間または相続開始の時から6カ月を経過する日のいずれか遅い日までの間、引き続き無償でその建物を使用できます。

　つまり、旦那様を亡くした奥様は、遺産分割の手続きが終わるまで、もしくは6カ月間は、今まで住んでいた自宅に住み続けられるようになりました。

イ　遺贈などにより配偶者以外の第三者が居住建物の所有権を取得した場合や配偶者が相続放棄をした場合など（ア以外の場合）

　配偶者が相続開始時に被相続人所有の建物に無償で居住していた場合、居住建物の所有権を取得した者は、いつでも配偶者に対し配偶者短期居住権の消滅の申し入れができますが、配偶者はその申し入れを受けた日から6カ月を経過するまでの間、引き続き無償でその建物を使用できます。

　つまり、旦那様を亡くした奥様が仮に遺産分割によって自宅を手放すことが決まった場合でも6カ月間は無償で自宅に住み続けられます。

[2] 配偶者居住権

　配偶者が相続開始時に居住していた被相続人の所有建物を対象として、終身または一定期間、配偶者にその使用または収益を認めることを

内容とする法定の権利が新設され、遺産分割における選択肢の1つとして、配偶者に配偶者居住権を取得させることができることになるほか、被相続人が遺贈等によって配偶者に配偶者居住権を取得させることができることになります。

　つまり、今まで住んでいた自宅に「住み続ける権利」という新しい権利（考え方）が生まれました。これによって「不動産を所有しているのは金融機関だが、住み続ける権利は配偶者が持っている」といったことが起こります。「住み続ける権利」は、遺贈等によって配偶者に与えられます。

❷ 遺産分割に関する見直し等

① 配偶者保護のための方策（持戻し免除の意思表示の推定規定）

　婚姻期間が20年以上である夫婦の一方配偶者が、他方配偶者に対し、その居住用建物またはその敷地（居住用不動産）を遺贈または贈与した場合については、民法903条3項の持戻しの免除の意思表示があったものと推定され、遺産分割においては、原則として当該居住用不動産の持戻し計算を不要とされます（当該居住用不動産の価額を特別受益として扱わずに計算できる）。

　意思表示の推定規定ですので、遺言において遺言者が別途の意思表示をしている場合は持戻しの計算が必要となります。

　つまり、生前贈与を利用すれば奥様により多くの財産を相続させることができるようになります。

② 仮払い制度等の創設・要件明確化

ア　家事事件手続法の保全処分の要件を緩和する方策

　預貯金債権の仮分割の仮処分については、家事事件手続法200条2項の要件（事件の関係人の急迫の危険の防止の必要があること）を緩和することとし、家庭裁判所は、遺産の分割の審判または調停の申し立てが

あった場合において、相続財産に属する債務の弁済、相続人の生活費の支弁その他の事情により遺産に属する預貯金債権を行使する必要があると認めるときは、他の共同相続人の利益を害しない限り、申し立てにより、遺産に属する特定の預貯金債権の全部または一部を仮に取得させることができることになりました。

つまり、「急迫の危険の防止」から「必要があると認められるとき」に要件が緩和されました。本改正によって、預貯金債権の仮払い請求がより気軽にできるようになります。

イ　家庭裁判所の判断を経ないで預貯金の払い戻しを認める方策

各共同相続人は、遺産に属する預貯金債権のうち、口座ごとに以下の計算式で求められる額（ただし、同一の金融機関に対する権利行使は150万円を限度とする）までなら、他の共同相続人の同意がなくても単独で払い戻しできます。

> 【計算式】
> 単独で払い戻しできる額＝（相続開始時の預貯金債権の額）×（3分の1）×（当該払い戻しを求める共同相続人の法定相続分）

③ 遺産の分割前に遺産に属する財産が処分された場合の遺産の範囲

ア　遺産の分割前に遺産に属する財産が処分された場合であっても、共同相続人全員の同意により、当該処分された財産を遺産分割の対象に含めることができることになります。

イ　共同相続人の一人または数人が遺産の分割前に遺産に属する財産の処分をした場合には、当該処分をした共同相続人については、アの同意を得ることを要しません。

つまり、今までは遺産分割前に使い込まれてしまった財産があっても共同相続人は泣き寝入りするほかありませんでしたが、改正によって分割前に使い込んだ財産はすでにその人がもらった財産として計算できる

ようになりました。

❸ 遺言制度に関する見直し

[1] 自筆証書遺言の方式緩和

　全文の自書を要求している現行の自筆証書遺言の方式を緩和し、自筆証書遺言に添付する財産目録については自書でなくてもよいことになりました。ただし、財産目録の各頁に署名押印することを要します。

[2] 自筆証書遺言の保管制度

　変造や隠匿のリスクがある自筆証書遺言について、法務局において保管してくれる制度が創設されました。

[3] 遺言執行者の権限の明確化等

ア　遺言執行者の一般的な権限として、遺言執行者がその権限内において遺言執行者であることを示してした行為は相続人に対し直接にその効力を生ずることが明文化されました。

イ　特定遺贈または特定財産承継遺言（いわゆる相続させる旨の遺言のうち、遺産分割方法の指定として特定の財産の承継が定められたもの）がされた場合における遺言執行者の権限等が明確化されました。

　つまり、今回の改正は自筆証書遺言のデメリットである「作るのが面倒くさい」「誰かに隠されたり、捨てられたりしてしまう」「遺言執行者の権限が曖昧」という３点を補完する内容になっています。

❹ 遺留分制度に関する見直し

[1]　遺留分減殺請求権の行使によって当然に物権的効果が生ずるとされている旧法の規律を見直し、遺留分に関する権利の行使によって遺留分侵害額に相当する金銭債権が生ずることになりました。

2 遺留分権利者から金銭請求を受けた受遺者または受贈者が、金銭を直ちには準備できない場合には、受遺者等は、裁判所に対し、金銭債務の全部または一部の支払いにつき期限の許与を求めることができます。

これまでは、事業承継が絡むような相続の場合、遺留分減殺請求によって円滑な承継を妨げることがありました。今回の改正でそれをお金で解決できるようになりました。

⑤ 相続の効力等に関する見直し

これまでは、特定財産承継遺言（いわゆる相続させる旨の遺言のうち、遺産分割方法の指定として特定の財産の承継が定められたもの）等により承継された財産は、登記等の対抗要件なくして第三者に対抗できました。改正法では、法定相続分を超える部分の承継については、登記等の対抗要件を備えなければ第三者に対抗できません。

⑥ 相続人以外の者の貢献を考慮するための方策

相続人以外の被相続人の親族が、無償で被相続人の療養看護等を行った場合には、一定の要件の下で、相続人に対して金銭請求できます。

3 配偶者居住権・配偶者短期居住権

夫Ａと妻Ｂは、1990年に新築した夫Ａが所有する建物Ｘとその敷地Ｙに居住し続けていましたが、夫Ａは2022年1月31日に死亡した。夫Ａと妻Ｂの間には、長男Ｃがいます。

(1) ＢとＣの間で遺産分割協議が整うまでの間、Ｂは建物Ｘに居住し続けることができるでしょうか。

(2) ＢとＣの間で遺産分割協議が整い、Ｂが建物Ｘについて終身の配偶者居住権を取得し、Ｃが建物Ｘ・敷地Ｙの所有権を相続することになった。建物Ｘは、台風で屋根が破損した場合、ＢはＣに連絡せずに修繕をすることができるか。また、ＢはＣの許可を得ずにバリアフリー用に階段に手すりをつけることができるでしょうか。

(3) この場合、Ｃが建物Ｘ・敷地Ｙを第三者Ｄに売却した場合もＢは建物Ｘに居住し続けることができるでしょうか。

(4) 金融機関ＤがＣに対して融資をし、その被担保不動団として建物Ｘ・敷地Ｙに抵当権を設定する場合、どのようなことに留意する必要があるでしょうか。

1 質問（1）について（第3．Q9 参照）

　配偶者が相続開始時に被相続人の建物に無償で住んでいる場合には、当該居住建物の帰属が遺産分割により確定するまでは、配偶者短期居住権に基づき当該建物に居住することができます。

　したがって、Ｂは、ＢＣ間の遺産分割協議が整うまでの間、建物Ｘに無償で居住し続けることができます。

2 質問（2）について（第3．Q2、Q4、Q5 参照）

　被相続人の配偶者は、被相続人の財産に属した建物に相続開始の時に居住していた場合において、遺産分割により配偶者居住権を取得するも

のとされたときは、その居住建物の全部について無償で使用および収益
をする権利（「配偶者居住権」）を取得します。

　配偶者居住権において、配偶者は、居住建物の使用および収益に必要
な修繕ができます。

　「修繕」は、台風で屋根が破損した場合に直したり、水道管が故障し
た場合に修理したりする場合がこれに該当します。ＢはＣの事前の許
可や事後の通知がなくとも屋根の修繕をすることができます。この費用
は配偶者居住権を有するＢが負担します。

　これに対して、「バリアフリー用の階段の手すり」は必要な修繕には
該当しない増改築にあたり、ＢがＣに無断で取り付けた場合、Ｃは配
偶者居住権を消滅させることができます。

③ 質問（3）について（第3．Q3参照）

　配偶者居住権は登記をすることができ、Ｂについて配偶者居住権の登
記がなされている場合は、Ｂの配偶者居住権は第三者対抗要件を有する
ので、Ｄへの売却後もＢは建物Ｘに居住し続けることができます。

　これに対して、Ｂについて配偶者居住権の登記がなされていない場合
は、Ｂの配偶者居住権は第三者対抗要件を有しないので、Ｄへの売却後
もＢは建物Ｘに居住し続けることができません。

④ 質問（4）について（第3．Q11参照）

　配偶者居住権は、登記をすることにより、対抗要件を具備することに
なり、居住建物の所有者が、建物の所有権譲渡を受けた第三者や金融機
関が設定した抵当権や譲渡担保権のような担保物権にも対抗できます。

　したがって、金融機関Ｄが、Ｃに対して融資を行うに際して建物Ｘ・
敷地Ｙに担保を設定する場合は、配偶者居住権の登記の有無・その存
続期間を調査した上で、担保権の評価をする必要があります。

Q1 旦那様が亡くなった場合、奥様は旦那様と居住されていた建物に、無条件かつ無償で住み続けられるのでしょうか？

A 配偶者（奥様）が被相続人（旦那様）の買った建物に相続開始時点で、無償で居住している必要があります。その条件を満たしていれば6カ月間は、無条件かつ無償で住み続けられます（配偶者短期居住権）。それ以降になると、遺産分割または遺贈あるいは裁判所の審判が必要です（配偶者居住権）。

① 配偶者居住権が認められた背景

　近年の高齢化社会の進展により相続開始時点で配偶者が既に高齢となっている事案が増加していますが、平均寿命の伸長に伴い、そのような場合でもその配偶者がその後長期間にわたって生活を継続することも少なくありません。その配偶者としては、住み慣れた自宅で住む権利を確保しつつ、その後の生活資金も一定程度相続したいと考える人が多いようです。

　改正前の民法（2020年3月以前）の下では配偶者が従前居住していた建物に住み続けたいなら、
　①配偶者がその建物の所有権を取得する
　または
　②その建物の所有権を取得した他の相続人との間で賃貸借契約等を締結する
　という二つの方法が考えられました。
　しかし、前者の方法（上記①）では、居住建物の評価額が高額となり、配偶者がそれ以外の遺産を取得できず、その後の生活に支障をきた

すケースがありました。

　後者の方法（上記②）では、その建物の所有権を取得する者との間で賃貸借契約等が成立することが前提となるため、契約が成立しなければ、配偶者の居住権は確保されません。

　配偶者居住権の制度は、配偶者に居住建物の使用のみを無償で認め、収益権限や処分権限のない権利を創設（建物の財産的価値を居住権とその残余部分に分けて考える）しました。その結果、遺産分割の際に、配偶者が居住建物の所有権を取得する場合よりも低い価額で居住権（終身・無償の居住権）を確保できるようになりました。

○配偶者居住権の創設前（2020年3月以前）

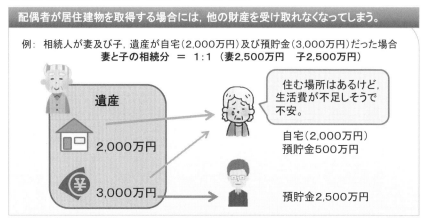

出所：法務省作成資料

○配偶者居住権（2020年4月以降）

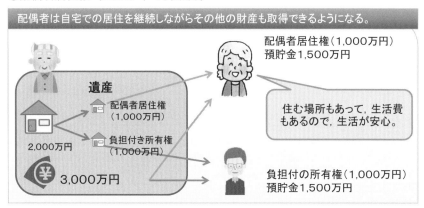

出所：法務省作成資料

Q2 配偶者居住権が認められるための要件と存続期間について教えてください。

A 配偶者居住権が認められるための要件は、被相続人（旦那様）の配偶者（奥様）が被相続人（旦那様）の財産に属した建物に相続開始の時に居住していた場合において、相続人間の遺産分割または遺言による贈与（遺贈）、あるいは、裁判所による審判により認められます。

存続期間は、原則配偶者が亡くなるまで終身の間ですが、遺産分割協議や遺言で一定期間とすることが可能です。

1 配偶者居住権が認められるための要件

1 遺産分割または遺贈による取得

被相続人（旦那様）の配偶者（奥様）は、被相続人（旦那様）の財産に属した建物に相続開始の時に居住していた場合において、次のいずれかに該当するときは、その居住建物の全部について無償で使用及び収益をする権利（「配偶者居住権」）を取得します（改正民法1028条1項）。

①遺産の分割によって配偶者居住権を取得するものとされたとき。
②配偶者居住権が遺贈（遺言により無償で贈与されること）の目的とされたとき。

ただし、被相続人が相続開始の時に居住建物を配偶者以外の第三者と共有していた場合は、配偶者居住権は成立しません（同条1項ただし書）。例えば、居住建物の所有権が旦那様（被相続人）とその兄弟の共有のような場合が当たります。これは、被相続人の遺言や共同相続人間の遺産

分割によって当該第三者に配偶者による無償の居住を受忍するという負担を生じさせることはできないからです。旦那様（被相続人）が建物について共有持分のみを有する場合には、奥様（配偶者）とともに共有している場合に限って配偶者居住権が成立します。

　また、配偶者が居住建物の共有持分を有することとなった場合であっても、他の者がその共有持分を有するときは、配偶者居住権は、消滅しません（同条2項）。例えば、旦那様（被相続人）が奥様（配偶者）に配偶者居住権を遺贈する一方で、居住建物の所有権については何ら遺言がなされていなかった場合には、奥様（配偶者）は共同相続人の一人として居住建物についても遺産共有持分を有することになりますが、このような場合であっても、配偶者居住権は成立します。

②　審判による配偶者居住権の取得

　遺産の分割の請求を受けた家庭裁判所は、次に掲げる場合に限り、配偶者が配偶者居住権を取得する旨を定めることができます。

①共同相続人間に配偶者が配偶者居住権を取得することについて合意が成立しているとき。
②配偶者が家庭裁判所に対して配偶者居住権の取得を希望する旨を申し出た場合において、居住建物の所有者の受ける不利益の程度を考慮してもなお配偶者の生活を維持するために特に必要があると認めるとき（①に掲げる場合を除く）。

❷ 配偶者居住権の存続期間

　配偶者居住権の存続期間は、原則、配偶者の終身の間（配偶者が亡くなるまでの間）です。

　ただし、遺産の分割の協議もしくは遺言に別段の定めがあるとき、または家庭裁判所が遺産の分割の審判において別段の定めをしたときは、配偶者居住権の存続期間を一定期間に制限できます。

Q3 配偶者居住権の登記が必要になるケースを教えてください。

A 配偶者居住権を取得した配偶者が居住建物の所有者でない場合、登記する必要があります。登記していれば、仮に所有者が第三者に居住建物を売却した場合でも第三者に対抗できます。また、第三者が建物の使用を妨害する場合には、妨害排除請求権を行使できるようになります。

1 配偶者居住権の設定登記義務

　居住建物の所有者は、配偶者（配偶者居住権を取得した配偶者に限る）に対し、配偶者居住権の設定の登記を備えさせる義務を負います（改正民法 1031 条 1 項）。これは、配偶者に居住建物所有者に対する登記請求権を認めたものに過ぎず、配偶者による登記の単独申請を認めたものではありません。

　なお、配偶者短期居住権は登記できません。

2 対抗力、妨害停止請求

　配偶者居住権の設定登記には、対抗要件としての効力があります（改正民法 1031 条 2 項、605 条）。

　すなわち、配偶者居住権を登記していれば、建物の所有権が居住建物所有者から第三者に譲渡されても、当該第三者に対しても配偶者居住権を主張できます。また、銀行や信託銀行等の金融機関が、居住建物に抵当権等を設定してこれを実行して第三者に譲渡された場合においても、当該第三者に対しても配偶者居住権を主張できます。

また、第三者が建物の使用を妨害する場合には、妨害排除請求権等を有します（改正民法1031条2項、605条の4）。

なお、配偶者短期居住権は登記することができず対抗力を有しません。

③ 不動産競売手続における優先劣後関係

[1] 配偶者居住権の登記が抵当権等の登記より先になされている場合

①担保不動産競売において、抵当権の登記よりも先に配偶者居住権の登記がなされている場合や②不動産強制競売においては差押えの登記より先に配偶者居住権の登記がなされている場合には、配偶者居住権が優先され、不動産競売により当該不動産が売却されても、当該配偶者居住権は存続します。

[2] 配偶者居住権の登記が抵当権等の登記よりも遅れてなされた場合や登記がされていない場合

①配偶者居住権の登記が抵当権の登記よりも遅れてなされた場合や、②配偶者居住権の登記がなされていない場合には、配偶者居住権は不動産競売により当該不動産が売却された場合には効力を失います。

もっとも、配偶者居住権の登記が建物の共有持分に設定された抵当権の登記や差押えの登記に遅れてなされた場合において、配偶者居住権は建物全体に設定されるので、共有持ち分の売却によって効力を失わず、当該配偶者居住権は存続すると考えられます。

[3] 配偶者短期居住権

配偶者短期居住権は登記ができず、対抗力がないので、不動産競売手続においては売却により効力を失います。

Q4 配偶者居住権の対象である居住建物の使用上の注意点は なんですか？

A 配偶者は、善管注意義務に基づき居住建物を使用しなければなりません。また、配偶者居住権は第三者に譲渡できず、居住建物の増改築や第三者への使用収益のためには居住建物の所有者の承諾が必要です。

❶ 善管注意義務（改正民法 1032 条 1 項）

配偶者は、従前の用法に従い、善良な管理者の注意をもって、居住建物の使用および収益をしなければなりません。

❷ 譲渡の禁止（同条 2 項）

配偶者居住権は、配偶者に一身専属的なものであり、第三者に譲渡できません。

❸ 増改築・第三者の使用収益（同条 3 項）

配偶者は、居住建物の所有者の承諾を得なければ、居住建物の改築もしくは増築をし、または第三者に居住建物の使用もしくは収益をさせることができません。

転貸をする場合は、賃貸借の転貸の規定が準用されます（同法 1036 条、613 条）。

④ 用法違反による消滅の意思表示
（同条4項）

　配偶者が上記1または3に違反した場合において、居住建物の所有者が相当の期間を定めてその是正の催告をし、その期間内に是正がされないときは、居住建物の所有者は、当該配偶者に対する意思表示によって配偶者居住権を消滅させることができます。

Q5 配偶者は配偶者居住権の対象となっている居住建物を勝手に修繕してはいけませんか？

A 配偶者は、居住建物の使用・収益に必要な修繕ができます。配偶者がこれをしない場合は、居住建物所有者が修繕できます。必要な修繕以外の修繕は、配偶者は居住建物所有者に遅滞なくその旨を通知しなければなりません。必要な修繕費用は原則配偶者が負担します。それ以外の修繕費用は、その価格の増加が現存する限り、居住建物所有者の選択に従い、配偶者の支出した金額または増価額を償還させることができます。

1 配偶者による必要な修繕（改正民法 1033 条 1 項）

配偶者は、居住建物の使用および収益に必要な修繕ができます。

「修繕」は、台風で屋根が破損した場合に直したり、水道管が故障した場合に修理したりする場合がこれに該当します。

これに対して、「増改築」の「増築」とは建物に工作を加えて床面積を増加させることで、付属建物を新たに建築することも含まれ、「改築」とは従前の建物に代えて建物を建築することです（床面積が増加すれば、「増築」もあわせて行ったことになります）。建物の「修繕」であっても、「建物の存続期間に影響を及ぼす大修繕」は、「増改築」に該当します。

配偶者が、居住建物の所有者に無断で改築・増築をした場合、居住建物の所有者は、配偶者居住権を消滅させることができます（民法1032条4項：Q4（4）参照）。

バリアフリー対応にすることは「増改築」、屋根や壁を塗り直すだけであれば「修繕」に該当します。

② 居住建物所有者による修繕（同条 2 項）

　居住建物の修繕が必要である場合において、配偶者が相当の期間内に必要な修繕をしないときは、居住建物の所有者は、その修繕をすることができます。

③ 居住建物の修繕を要するときの通知義務（同条 3 項）

居住建物が修繕を要するとき（上記 1 の配偶者が自らその修繕をするときを除きます）、または居住建物について権利を主張する者があるときは、配偶者は、居住建物の所有者に対し、遅滞なくその旨を通知しなければなりません。ただし、居住建物の所有者が既にこれを知っているときは、通知は不要です。

　ここでいう権利を主張する者とは、例えば、被相続人の生前に、被相続人から居住建物の譲渡を受けたと主張する第三者を指します。

④ 費用負担（同法 1034 条）

　配偶者は、居住建物の通常の必要費（建物の破損部分の修理等の費用）を負担しなければなりません。

　居住建物の有益費（建物の増築費用等）など必要費以外の費用については、その価格の増加が現存する場合に限り、居住建物所有者の選択に従い、配偶者の支出した金額または増価額を償還させることができます。ただし、有益費の償還については、裁判所が相当の期限を与えることができます。

5 損害賠償・費用の請求期間 (同法 1036 条、600 条)

　配偶者の契約の本旨に反する使用・収益による損害の賠償、および配偶者が支出した費用の償還は、居住建物取得者が返還を受けてから 1 年以内に請求しなければなりません。

Q6 配偶者居住権はどのような場合に消滅しますか？仮に配偶者が居住建物について共有持分を有する場合にも居住建物を返還する必要がありますか？

A 　配偶者居住権は、配偶者の死亡や遺贈・遺産分割の審判により期間を定めた場合その期間の満了した場合などに消滅します。配偶者は、配偶者居住権が消滅したときは、居住建物の返還をしなければなりませんが、配偶者が居住建物について共有持分を有する場合は、居住建物の所有者は、配偶者居住権が消滅したことを理由としては、居住建物の返還を求めることができません。

1 配偶者居住権が消滅する場合

　配偶者居住権が消滅するのは以下の場合です。
- 配偶者が死亡した場合（改正 1036 条、改正 597 条 3 項）
- 遺贈・遺産分割の審判により期間を定めた場合その期間の満了した場合（改正 1036 条、改正 597 条 1 項）
- 用法違反により居住建物所有者が消滅の意思表示をした場合（改正 1032 条 4 項）
- 居住建物の全部が滅失その他の事由により使用及び収益をすることができなくなった場合（改正 1036 条、改正 616 条の 2）

2 居住建物の返還（改正 1035 条 1 項）

　配偶者は、配偶者居住権が消滅したときは、居住建物の返還をしなければなりません。ただし、配偶者が居住建物について共有持分を有する場合は、居住建物の所有者は、配偶者居住権が消滅したことを理由としては、居住建物の返還を求めることができません。

3 配偶者が相続の開始後に附属させたものがある居住建物または相続の開始後に生じた損傷がある居住建物の返還をする場合（改正1035条2項）

　配偶者は、居住建物を受け取った後にこれに附属させたものがある場合において、配偶者居住権が終了したときは、その附属させたものを収去する義務を負います。ただし、居住建物から分離することができないものまたは分離するのに過分の費用を要するものについては、収去義務はありません。**附属させたものとは、壁に塗られたペンキや障子紙などのことをいいます。**

　また、配偶者は、居住建物を受け取った後にこれに附属させたものを収去することができます。配偶者は、居住建物を返還する場合、原状回復義務を負いますが、通常損耗や経年劣化に関する原状回復義務はありません。

　「通常損耗」とは、どんなに気をつけていても、生活していく上で小さな傷や跡、汚れなどのことです。例えば、カレンダーやポスターなど掲示物を壁に貼るために画鋲を使用した穴や、家具の設置による床やカーペットの凹み・設置跡、下地ボードに影響しない程度の画鋲の跡、テレビや冷蔵庫などの後ろの黒ずみ（電気焼け）などです。

　「経年劣化」とは、例えば、ネジや釘が錆びてスムーズに動かなくなったり、普段使っていない押し入れの引き戸が歪んで、開閉時に音が鳴るようになったりといった場合や日光によるフローリングや畳の色あせ、壁紙の日焼けなどです。

　これに対して、無数の画鋲の跡や下地のボードまで貫通するような釘の使用は故意とみなされるため、「通常損耗」に含まれません。

　また、子供が壁に絵を描いたり、汚してしまったりしたケースは、子供自身が故意に行っているものではありませんが、親はその行為を制止

し、適切に部屋を管理する義務があるので、子供が部屋を汚した場合は、「通常損耗」には含まれません。これらについては原状回復義務を負います。

配偶者居住権の価値はどのように評価しますか？

　　「建物敷地の現在価値」から「配偶者居住権付所有権の価値」を控除した価格が「配偶者居住権の価値」です。法務省作成の資料をもとに価値の計算方法を知りましょう。

❶ 配偶者居住権の価値評価（簡易な評価方法）

　遺産分割の実務においては、建物の評価方法として、固定資産税評価額が広く利用されています。また、相続税評価においては、家屋の評価はその家屋の固定資産税評価額と同額とされています。

　このような実務の状況をふまえ、配偶者居住権の対象となる居住建物についても、その固定資産税評価額をベースとした評価を行う方法が考えられます。

　例えば、配偶者居住権の負担が付いた建物所有権（配偶者居住権付所有権）に着目し、配偶者居住権を設定した場合に建物所有者が得ることとなる利益の現在価値を配偶者居住権付所有権の価額とした上で、その価額を（何らの制約がない）建物所有権の価額から差し引いたものを配偶者居住権の価額とすることが考えられます。

○配偶者居住権の価値評価

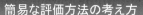

簡易な評価方法の考え方　法制審議会民法(相続関係)部会において事務当局が示した考え方(注1)
※平成29年3月28日第19回部会会議資料より

 ― = 配偶者居住権の価値

建物敷地の現在価値　　負担付所有権の価値(注2)

(注1)相続人間で,簡易な評価方法を用いて遺産分割を行うことに合意がある場合に使うことを想定したものであるが,不動産鑑定士協会からも一定の合理性があるとの評価を得ている。
(注2)負担付所有権の価値は,建物の耐用年数,築年数,法定利率等を考慮し配偶者居住権の負担が消滅した時点の建物敷地の価値を算定した上,これを現在価値に引き直して求めることができる(負担消滅時までは所有者は利用できないので,その分の収益可能性を割り引く必要がある。)。

評価の具体例

(事例)
同年齢の夫婦が35歳で自宅(木造)を新築。
妻が75歳の時に夫が死亡。
その時点での土地建物の価値4,200万円(注)。

(注)東京近郊(私鉄で中心部まで約15分,駅徒歩数分)の実例(敷地面積90平米,木造2階建て,4DK+S,築40年)を参考に作成

 ―  = 配偶者居住権の価値

建物敷地の現在価値　　負担付所有権の価値

4,200万円　　**2,700万円**　　**1,500万円**

平均余命　平成28年簡易生命表より抜粋
(単位:年)

	男	女
50歳	32.54	38.21
55歳	28.02	33.53
60歳	23.67	28.91
65歳	19.55	24.38
70歳	15.72	19.98
75歳	12.14	15.76
80歳	8.92	11.82
85歳	6.27	8.39

終身の間(平均余命を前提に計算)の配偶者居住権を設定したものとして計算(注)
この場合,配偶者居住権の価値は1,500万円となり,約35パーセントにその価値を圧縮することができる。

(注)この事例では,配偶者居住権消滅時の建物の価値が0円となるため,土地の価格(4,200万円)を法定利率年3%で15年分割り戻したもの。

出所:法務省作成資料

　この図では、75歳の妻は平均余命から計算すると約90歳までこの土地建物を使うと推定できます。つまりこの土地建物は、約15年間は利用できないため、土地の価格（4,200万円）を法定利率年3%で15年分割り戻した場合（配偶者居住権消滅時の建物の価値を0円とする）、2700万円となります。通常は4,200万円の価値がある物件にも関わらず、配偶者居住権がついているため2,700万になるということは、つまり配偶者居住権は4,200万円 − 2,700万円の1,500万円の価値があることになります。

Q8 遺贈や遺産分割により、配偶者居住権が認められない場合には、配偶者（妻）は被相続人（死亡した夫）の居住建物に無償で居住することは一切できないのでしょうか？

A 配偶者は、相続開始時に被相続人の建物（居住建物）に無償で住んでいた場合には、遺言や遺産分割で配偶者居住権が認められなくても、相続開始後最低6カ月間、居住建物を無償で使用する権利（配偶者短期居住権）を取得します。

❶ 改正前の制度（最判平成8年12月17日の判例法理）

　最高裁判例（最判平成8年12月17日）により、相続人である配偶者（妻）が被相続人（死亡した夫）の許諾を得て旦那様所有の建物に同居していた場合には、被相続人と相続人である配偶者との間で、相続開始時を始期とし、遺産分割時を終期とする使用貸借契約が成立していたものと推認されると解されてきました。これにより、この要件に該当する限り、相続人である配偶者は、遺産分割が終了するまでの間の短期的な居住権が確保されることとなりました。

　同判例は、あくまでも当事者間の合理的意思解釈に基づくものであるため、被相続人（死亡した夫）が明確にこれとは異なる意思を表示していた場合等には、配偶者の居住権が短期的にも保護されない事態が生じ得ます。例えば、被相続人（死亡した夫）が配偶者（妻）の居住建物を第三者に遺贈した場合には、被相続人（死亡した夫）の死亡によって建物の所有権を取得した当該第三者からの退去請求を拒めません。

② 配偶者短期居住権

上記1の問題点を解消するため、相続法改正により、配偶者短期居住権が認められました。

配偶者は、相続開始時に被相続人の建物（居住建物）に無償で住んでいた場合には、遺言や遺産分割で配偶者居住権が認められなくても、① 配偶者が居住建物の遺産分割に関与する場合は居住建物の帰属が確定する日までの間（ただし、最低6カ月間は保障）、② 居住建物が第三者に遺贈された場合や配偶者が相続放棄をした場合には居住建物の所有者から消滅請求を受けてから6カ月以下の期間、居住建物を無償で使用する権利（配偶者短期居住権）を取得します。（改正1037条1項）

〇改正前の制度（2020年3月以前）

最判平成8年12月17日の判例法理

配偶者が，相続開始時に被相続人の建物に居住していた場合には，原則として，被相続人と相続人との間で使用貸借契約が成立していたと推認する。

使用貸借契約の成立
を推認

判例法理では，配偶者の保護に欠ける場合がある。

・ 第三者に居住建物が遺贈されてしまった場合
・ 被相続人が反対の意思を表示した場合
　→ 使用貸借が推認されず，居住が保護されない。

出所：法務省作成資料

〇配偶者短期居住権（2020 年 4 月以降）

被相続人の建物に居住していた場合には被相続人の意思にかかわらず保護

配偶者短期居住権

被相続人が居住建物を遺贈した場合や，反対の意思を表示した場合であっても，配偶者の居住を保護することができる。

他に，常に最低6か月間は配偶者の居住が保護されるというメリットもある。

出所：法務省作成資料

配偶者短期居住権が認められるための要件および存続期間について教えてください。

 　　要件は、配偶者が相続開始時に被相続人の建物に無償で住んでいることです。存続期間は、6カ月間です。詳しく解説すると

①配偶者が居住建物の遺産分割に関与するときは、居住建物の帰属が確定する日までの間（ただし、最低6カ月間は保障）

②居住建物が第三者に遺贈された場合や、配偶者が相続放棄をした場合には居住建物の所有者から消滅請求を受けてから6カ月間

となります。

1 配偶者短期居住権の成立要件 （改正 1037 条 1 項）

　配偶者が、被相続人の財産に属した建物に相続開始の時に無償で居住していた場合に、以下のいずれかの場合に、それぞれに定める日までの間、その居住建物の所有権を相続または遺贈により取得した者に対し、居住建物を無償で使用できる権利を取得します。

①居住建物を配偶者を含む共同相続人間で遺産の分割をすべき場合

　遺産の分割により居住建物の帰属が確定した日または相続開始の時から6カ月を経過する日のいずれか遅い日までの間

②①に掲げる場合以外の場合（配偶者以外の者が遺言・死因贈与で取得した場合や、配偶者が相続放棄をした場合）

　居住建物取得者が配偶者短期居住権の消滅の申し入れをした日から6カ月を経過する日までの間

❷ 配偶者短期居住権が成立しない場合 （同条１項但書）

　配偶者が、相続開始時に配偶者居住権を取得したときは、「配偶者短期居住権」は成立しませんが、配偶者が困ることはないため問題になりません。

　その他相続人の欠格事由に該当し、もしくは廃除によってその相続権を失ったときも、「配偶者短期居住権」は成立しません。

　「相続人の欠格事由」とは、相続人が故意に被相続人や相続について先順位・同順位にある者を死亡するに至らせ、または至らせようとしたために、刑に処せられた場合などです。

　「相続人の廃除」とは、相続人から虐待を受けたり、重大な侮辱を受けたりしたとき、またはその他の著しい非行が相続人にあったときに、被相続人が家庭裁判所に請求して虐待などした相続人の地位を奪うことをいいます。

❸ 居住建物所有者による妨害の禁止 （同条２項）

　居住建物所有者は、第三者に対する居住建物の譲渡その他の方法により配偶者の居住建物の使用を妨げてはなりません。これは、配偶者居住権と異なり、配偶者短期居住権には登記制度や対抗要件は認められないため求められるものです。

❹ 居住建物所有者による消滅の申し入れ （同条３項）

　居住建物取得者は、居住建物について配偶者を含む共同相続人間で遺産の分割をすべき場合（上記１①の場合）を除いて、いつでも配偶者短期居住権の消滅の申し入れができます。

Q10 配偶者短期居住権は配偶者居住権とどのような点が異なりますか？

A 配偶者が相続開始時に被相続人の建物に無償で居住している場合に、居住建物に無償で居住できる点は同じです。
配偶者短期居住権は、配偶者居住権と異なり、遺産分割や遺贈、家庭裁判所の審判がなくても認められるものです。配偶者短期居住権の存続期間は最低6カ月間ですが、配偶者居住権は、「配偶者の終身の間」または「遺産分割や遺言で認められた間」認められます。
配偶者居住権は、登記制度があり対抗要件・妨害排除請求権がありますが、配偶者短期居住権にはこれらの権利はありません。

○配偶者短期居住権と配偶者居住権の比較

	配偶者短期居住権	配偶者居住権
成立要件	配偶者が相続開始時に被相続人の建物に無償で居住（⇒当然に成立）	①配偶者が相続開始時に被相続人の建物に無償で居住 ②遺産分割・遺贈・審判により取得
存続期間	①遺産分割確定まで（ただし、最低6カ月間は保障） ②居住建物が第三者に遺贈された場合や配偶者が相続放棄をした場合には居住建物の所有者から消滅請求を受けてから6カ月	配偶者の終身の間。ただし、遺産分割協議、遺言、家庭裁判所の遺産分割の審判で期間を定める
登記制度	登記制度なし	登記制度あり
対抗要件・妨害排除請求権	なし	あり

配偶者の使用上の義務	①善管注意義務 ②譲渡禁止 ③第三者の使用収益の承諾 ④用法違反による消滅の意思表示	①善管注意義務 ②譲渡禁止 ③**増改築**・第三者の使用収益の承諾 ④用法違反による消滅の意思表示
居住建物の修繕	同右	①配偶者による必要な修繕 ②居住建物所有者による修繕 ③居住建物の修繕を要するときの通知義務 ④費用負担 ⑤損害賠償・費用の請求期間
消滅事由	①配偶者短期居住権の有効期間が経過した場合 ②配偶者居住権について用法違反があり、居住建物取得者が消滅請求をすることができる場合 ③配偶者が居住建物にかかる配偶者居住権を取得した場合 ④配偶者の死亡 ⑤建物が全部滅失等の場合	①配偶者の死亡 ②遺贈・遺産分割の審判により期間を定めた場合その期間の満了 ③用法違反により居住建物所有者が消滅の意思表示をした場合 ④居住建物の全部が滅失その他の事由により使用および収益をすることができなくなった場合

Q11 配偶者居住権や配偶者短期居住権の実務上の影響について教えてください。

A 配偶者居住権は遺贈（遺言による贈与）により設定できるので、遺言執行者はこの制度の内容を理解しておく必要があります。金融機関は、配偶者居住権を考慮して建物の価値を算定する必要があります。

配偶者短期居住権は、登記制度や第三者対抗要件がなく、また、短期のものなので、金融機関の実務に与える影響は低いものと考えられます。

① 配偶者居住権の実務上の影響

被相続人の配偶者が、遺言による贈与（遺贈）により配偶者居住権を取得する場合がでてきます。したがって、遺言執行者となる者（信託銀行や信託会社等を含む）は、配偶者居住権の内容、効力を十分に理解しておく必要があります。

また、Q3のとおり、配偶者居住権は、登記をすることにより、対抗要件を具備することになり、居住建物の所有者が、建物の所有権譲渡を受けた第三者や金融機関が設定した抵当権や譲渡担保権のような担保物権にも対抗できます。

したがって、金融機関が融資を行うに際して建物に担保を設定する場合は、配偶者居住権の登記の有無・その存続期間を調査した上で、担保権の評価をする必要があります。

② 配偶者短期居住権の実務上の影響

配偶者短期居住権は、被相続人の配偶者の居住建物について、遺産分

割や遺言の内容に関わらず、配偶者が共同相続人や遺言等によりその建物を取得した者に対して当然に主張できる権利です。したがって遺言執行者（信託銀行や信託会社を含む）となる場合においては、配偶者短期居住権に配慮した遺言執行をする必要があります。

　配偶者短期居住権は登記制度や第三者対抗力を有しないので、金融機関はその有する抵当権や担保権等を実行した場合、配偶者短期居住権のない建物として処分できます。したがって、配偶者居住権と比べると金融機関の実務上の影響は低いものです。もっとも、相続法改正により、配偶者保護の要請が高くなっていることに鑑みると、**配偶者短期居住権の存在を無視した安易な担保権の実行は差し控えるべきでしょう。**

4 遺産分割制度の見直し

Q&A

> **事例** 夫Ａと妻Ｂは1980年に婚姻し、その間には長男Ｃ、長女Ｄがいる。夫Ａは2022年3月31日に死亡しました。ＡはＢに対して、2010年にＡとＢが居住している建物・敷地の持分の2分の1を贈与しました（評価額3,000万円）。
> Ａの遺産は建物・敷地の2分の1の持分（評価額3,000万円）と預貯金3,000万円（金融機関Ｘ、Ｙにそれぞれ1,500万円ずつ）でした。
> （1）Ｂ、Ｃ、Ｄの法定相続分はそれぞれいくらになるでしょうか。
> （2）Ｂが金融機関Ｘ、金融機関ＹからＡの葬儀費用等のために、遺産分割協議前にいくらの払戻を請求することができるでしょうか。

❶ 質問（1）について（第4．Q2参照）

　2019年7月に施行された改正前の遺産分割においては、実質的夫婦共有財産である不動産の共有持分を夫から妻に贈与しても、遺産分割時には、被相続人が相続開始の時において有した財産の価額にその贈与の価額を加えたものを相続財産とみなし、当該相続人の相続分の中からその遺贈または贈与の価額を控除した残額をもってその者の相続分とすることとされていました。

　2019年7月施行の改正により、①婚姻期間が20年以上の夫婦の一方である被相続人が、他の一方に対し、②その居住の用に供する建物またはその敷地について遺贈または贈与をしたときは、当該被相続人は、その遺贈または贈与について持戻しの計算の規定を適用しない旨の意思を表示したものと推定されることになりました。

　これによれば、Ｂ・Ｃ・Ｄの相続分は下記のとおりとなります。

Ａの遺産：居住用不動産持分（評価額3,000万円）、預貯金（3,000万円）

①改正前（2019年6月以前）のBの相続分：持戻し計算適用
B（妻）：（（3,000万円＋3,000万円）＋3,000万円）× 1/2 － 3,000万円＝
1,500万円
C・D（子供）は各2,250万円を相続

②改正後（2019年7月以降）のB（妻）の相続分：持戻し計算不適用
B（妻）（3,000万円＋3,000万円）× 1/2 ＝ 3,000万円
C・D（子供）は各1,500万円

② 質問（2）について（第4．Q3、Q5参照）

　従前は、預貯金債権は遺産分割の対象とならないとする判例の考え方により、金融機関は共同相続人全員の同意がなければ、預貯金の払戻しに応じないという実務上の対応を取っていました。

　これは、金融機関が法定相続分に応じて預貯金の払戻しを行った後に、それと異なる内容の遺言が発見され、既に行われた預貯金の払戻しが無効となった場合（金融機関側に過失があるとされて債権の準占有者への弁済とも認められなかった場合）には、再度遺言に基づいた払戻しに応じなければならなくなるという、二重払いのリスクを回避するためでした。

　もっとも、葬儀費用等の緊急性の高いものについては、葬儀社から提示された葬儀見積書などを提出することにより、例外的に一部預貯金の払い戻しを認める金融機関もありました（いわゆる便宜払い）。

　しかしながら、平成28年12月19日の最高裁決定により、預貯金債権が遺産分割の対象となったことから、共同相続人全員の同意がなければこのような例外的な取扱いも困難になりました。

　民法の改正により2019年7月以降、家庭裁判所の判断を経ずに払戻しが得られる制度が創設されました。

　各共同相続人は、遺産に属する預貯金債権のうち相続開始の時の債権額の3分の1に当該共同相続人の法定相続分を乗じた額（金融機関ごと

に150万円を限度とする）については、単独でその権利を行使できます。

　Bは下記の計算式のとおり、金融機関X・金融機関Yからそれぞれ150万円の仮払いを請求することができます。

　1,500 × 1/3 × 1/2 ＝ 250万円→150万円× 2 ＝ 300万円

Q1 遺産分割制度において、改正前民法の問題点はどこですか？

A 改正前の遺産分割の制度（2019年6月以前）では長期間婚姻している夫婦間で居住用不動産の贈与があっても、原則として遺産の先渡しを受けたものとして取り扱われました。そのため配偶者が最終的に取得する財産額は、結果的に贈与がなかった場合と同じになります。これにより、被相続人が贈与を行った趣旨が遺産分割の結果に反映されませんでした。

❶ 持戻しの計算（改正前民法903条1項）

改正前の遺産分割の制度では、共同相続人中に、被相続人から、遺贈を受け、または婚姻もしくは養子縁組のためもしくは生計の資本として贈与を受けた者があるときは、被相続人が相続開始の時において有した財産の価額にその贈与の価額を加えたものを相続財産とみなし、当該相続人の相続分の中からその遺贈または贈与の価額を控除した残額をもってその者の相続分としていました。

❷ 改正前の問題点

改正前の遺産分割の制度の問題点は、「実質的夫婦共有財産の清算」と「配偶者の生活保障」でした。

実質的夫婦共有財産とは、夫婦の一方がその婚姻中に他方の配偶者の協力を得て形成または維持した財産です。つまり結婚してから2人で購入したものがこれに当たります。結婚してから住宅を購入した場合は、住宅は実質的夫婦共有財産です。

改正前の遺産分割の制度では、被相続人（死亡した夫）の債権者等第三者の利益にも配慮する必要がありました。紛争当事者が多くなると、権利関係を画一的に処理する必要性が高くなり配偶者の具体的な貢献の程度は寄与分の中で考慮され得るに過ぎず、基本的には法定相続分によって形式的・画一的に遺産の分配が行われていました。

　しかしながら、近時の高齢化社会の進展や高齢者の再婚の増加に伴い、婚姻期間が長く、被相続人と同居してその日常生活を支えてきたような者にとって、このような取り扱いは実質的公平を欠く場合が増えてきていました。

　この点、民法（相続関係）部会においては、配偶者の相続分の引き上げも検討されましたが、婚姻期間により不公平が起こるため、改正法においては、持戻し計算の規定の不適用の推定規定（Q2 参照）を定めることになりました。

〇改正前の遺産分割の制度（2019 年 6 月以前）

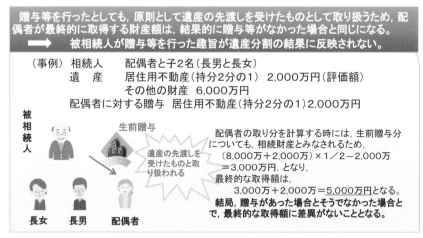

出所：法務省作成資料

Q2 相続法改正により、長期間婚姻している夫婦間での居住用建物の贈与についてはどのような保護がなされますか？

A 婚姻期間が 20 年以上である配偶者の一方が他方に対し、その居住の用に供する建物またはその敷地（居住用不動産）を遺贈または贈与した場合については、原則として、計算上遺産の先渡し（特別受益）を受けたものとして取り扱わなくてよいことになります。

❶ 婚姻期間が 20 年以上の夫婦間における居住用不動産の遺贈・贈与

　持戻しとは、特別受益がある場合、相続人間の公平を図るため、被相続人が相続開始時に有していた財産に贈与の価格を加えたものを相続財産とみなすことです（Q1 参照）

　①婚姻期間が 20 年以上の夫婦の一方である被相続人が、他の一方に対し、②その居住の用に供する建物またはその敷地について遺贈または贈与をしたときは、当該被相続人は、その遺贈または贈与について持戻しの計算の規定を適用しない旨の意思を表示したものと推定されます（改正 903 条 4 項）。

　このような要件を満たす場合には、①配偶者の生活保障を図るという政策的観点から合理性が認められるとともに、②贈与等を行った被相続人の意思としても、持戻しの計算の対象としない意図である蓋然性が高いためです。

　「婚姻期間の 20 年間」は、結婚と離婚を繰り返している場合には、婚姻期間を通算されると考えられます。

　「居住の用に供する建物またはその敷地について遺贈または贈与をし

たとき」は、遺贈・贈与時を基準として判断されます。居宅兼店舗は居住部分が対象となります。

　本規定は、被相続人の意思表示の推定規定であるため、被相続人が遺言等（必ずしも遺言に限りません）で反対の意思表示をしていた場合には適用されません。なお、本規定は、配偶者居住権の遺贈にも準用されます。

　つまり、旦那様が妻に自宅不動産を贈与する旨の遺言書を作っておけば、妻がより多くの相続財産を相続できるようになります。

2 具体的な計算

　改正前（2019 年 6 月以前）と改正後（2019 年 7 月以降）を見比べると、どれほどの差があるのか、一般的な事例でみてみましょう。

前提

家族構成：一男（夫：平成 30 年死亡）、八重子（妻）、大輝（長男）、
　　　　　美優（長女）

一男と八重子の婚姻期間：昭和 45 年に婚姻〜平成 30 年（婚姻期間 48 年）

一男の八重子への贈与：平成 10 年に居住用不動産の持分（1/2）を贈与
　　　　　　　　　　　（評価額 3,000 万円）

一男の遺産：居住用不動産持分（評価額 3,000 万円）、預貯金（6,000 万円）

①改正前の八重子の相続分：持戻し計算適用

八重子：（（3,000 万円 +6,000 万円）+3,000 万円）× 1/2 − 3,000 万円 =
　　　　3,000 万円

大輝・美優は各 3,000 万円を相続

②改正後の八重子の相続分：持戻し計算不適用

八重子（3,000 万円 +6,000 万円）× 1/2 = 4,500 万円

大輝・美優は各 2,250 万円

　妻への居住用不動産の贈与について持戻しの計算をしないことにより、妻の相続分が 1,500 万円増えました。

〇改正によるメリット

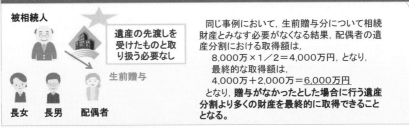

このような規定（被相続人の意思の推定規定）を設けることにより，原則として遺産の先渡しを受けたものと取り扱う必要がなくなり，配偶者は，より多くの財産を取得することができる。　➡　贈与等の趣旨に沿った遺産の分割が可能となる。

被相続人

遺産の先渡しを受けたものと取り扱う必要なし

生前贈与

長女　長男　配偶者

　同じ事例において，生前贈与分について相続財産とみなす必要がなくなる結果，配偶者の遺産分割における取得額は，
　　8,000万×1／2＝4,000万円，となり，
　最終的な取得額は，
　　4,000万＋2,000万＝6,000万円
となり，贈与がなかったとした場合に行う遺産分割より多くの財産を最終的に取得できることとなる。

出所：法務省作成資料

Q3 改正前民法では、奥様が遺産相続が終わるまでの生活費に困ったり、葬儀費用が出せなくなったりと問題があったようですね。

A 従前の判例では、預貯金債権のような可分債権については、相続開始と同時に当然に各共同相続人に分割され、遺産分割の対象とはならず、各共同相続人は分割により自己に帰属した債権を単独で行使することができるものと解されていました。このため、各相続人は、法定相続分に応じた払い戻しを請求することができると考えられていました。

　しかしながら、平成28年12月28日の最高裁大法廷決定において、預貯金債権が遺産分割の対象に含まれると判断されたため、遺産分割までの間は、共同相続人全員が共同して行使しなければならず、配偶者等の一部の相続人が当面の生活費や葬儀費用に充てるため、一部払い戻すことは認められないと考えられるようになりました。

　つまり、平成28年12月28日以降では、預貯金があるにもかかわらず奥様の生活費が足りなくなったり葬儀費用が払えなくなったりする事例が起こり得る状況となってしまったのです。

① 改正前制度（最判平成8年12月17日の判例法理）

　従前は「預貯金債権」のような「可分債権」の相続について、相続開始と同時に当然に相続分で分割相続されると判示した最高裁判例（最高裁平成16年4月20日第三小法廷判決）があり、この判例の下では、可分債権である預貯金債権についても、同じく相続開始と同時に当然に相

続分で分割相続されるものと解釈されていました。

　したがって預貯金債権は原則として遺産分割の対象にはならず、相続人は、預貯金債権を除いた相続財産について遺産分割を行うものと考えられていました。

　このため各相続人は、法定相続分に応じた払い戻しを請求できるので、仮に配偶者が当面の生活費や葬儀費用に困っても払い戻しできるため問題ないと考えられていました。

❷ 預貯金債権は遺産分割の対象となるとする見解（平成28年12月19日最高裁大法廷決定）

　しかしながら、平成28年12月19日最高裁大法廷決定では、「共同相続された普通預金債権、通常貯金債権および定期貯金債権は、いずれも、相続開始と同時に当然に相続分に応じて分割されることはなく、**遺産分割の対象となる**ものと解するのが相当である」とされました。

　最高裁判例が預貯金債権を遺産分割の対象としたのは以下の理由によります。

---

①共同相続人間の実質的公平

　遺産分割の仕組みは、共同相続人間の実質的公平を図ることを旨とするものであることから、遺産分割においては被相続人の財産をできる限り幅広く対象とすることが望ましい。

②預貯金の現金類似性

　預貯金は、確実かつ簡易に換価できるという点で現金との差をそれほど意識させない財産である。

③預貯金契約の性質

　（普通預金および通常貯金について）普通預金契約および通常貯

金契約は、口座に入金が行われるたびにその額についての消費寄託契約が成立するが、その結果発生した預貯金債権は、口座の既存の預貯金債権と合算され、1個の預貯金債権として扱われる。このように普通預金債権および通常貯金債権は、いずれも、1個の債権として同一性を保持しながら、常にその残高が変動し得るものである。預金者が死亡した場合にも、預貯金契約上の地位を準共有する共同相続人が全員で預貯金契約を解約しない限り、同一性を保持しながら常にその残高が変動し得るものとして存在し、各共同相続人に確定額の債権として分割されることはない。

　この最高裁決定において、預貯金債権が遺産分割の対象に含まれると判断されたため、遺産分割までの間は、共同相続人全員が共同して行使しなければならず、**配偶者等の一部の相続人が当面の生活費や葬儀費用に充てるため、一部払い戻すことは認められない**と考えられるようになりました。

③ 金融機関の実務への影響

　上記1の預貯金債権は遺産分割の対象とならないとする判例の考え方の下においても、金融機関は共同相続人全員の同意がなければ、預貯金の払い戻しに応じないという実務上の対応を取っていました。

　これは、金融機関が法定相続分に応じて預貯金の払い戻しを行った後に、それと異なる内容の遺言が発見され、既に行われた預貯金の払い戻しが無効となった場合（金融機関側に過失があるとされて債権の準占有者への弁済とも認められなかった場合）には、再度遺言に基づいた払い戻しに応じなければならなくなるという、二重払いのリスクを回避するためでした。

　もっとも、葬儀費用等の緊急性の高いものについては、葬儀社から提示された葬儀見積書などを提出することにより、例外的に一部預貯金の払い戻しを認める金融機関もありました（いわゆる便宜払い）。

　しかしながら、平成28年12月19日の最高裁決定により、預貯金債権が遺産分割の対象となったことから、共同相続人全員の同意がなければこのような例外的な取り扱いも困難になりました。

○相続人単独の預貯金債権の払戻し

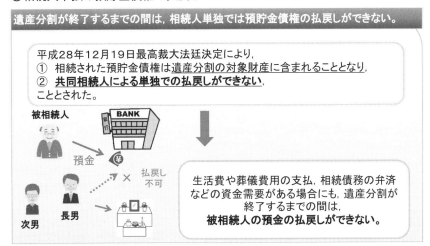

遺産分割が終了するまでの間は，相続人単独では預貯金債権の払戻しができない。

平成28年12月19日最高裁大法廷決定により，
① 相続された預貯金債権は遺産分割の対象財産に含まれることとなり，
② 共同相続人による単独での払戻しができない，
こととされた。

被相続人

BANK

預金

次男　長男

払戻し不可

生活費や葬儀費用の支払，相続債務の弁済などの資金需要がある場合にも，遺産分割が終了するまでの間は，
被相続人の預金の払戻しができない。

出所：法務省作成資料

Q4 預貯金から葬儀費用や配偶者の当面の生活費用を共同相続人全員の同意なく仮払いをするために、家事事件手続法上の保全処分を利用できませんか？

A 改正前の家事事件手続法上の仮処分による仮払いは、「急迫の危険を防止」する必要がある場合に限定されており、ほとんど利用されていません。しかし、改正法の施行（2019年7月以降）により預貯金債権の仮払いの保全処分については「申立の必要性」がある場合に緩和されるため、利用が進む可能性があります。

① 家事事件手続法上の保全処分の利用の限界

　Q3のとおり平成28年12月19日最高裁大法廷決定により、必要な葬儀費用等が預貯金から払い戻せないという不都合が生じるおそれがあるとわかります。

　預貯金債権が遺産分割の対象とされたため、共同相続人において被相続人が負っていた債務の弁済をする必要がある、あるいは、被相続人から扶養を受けていた共同相続人（配偶者等）の当面の生活費を支出する必要があるなどの事情により被相続人が有していた預貯金を遺産分割前に払い戻す必要があるにもかかわらず、共同相続人全員の同意を得ることができない場合に払い戻すことができないという不都合が生ずるおそれがあることになりました。

　そのため家事事件手続法200条2項の仮分割の仮処分を活用することが考えられます。これにより共同相続人間の実質的な公平を確保しつつ、個別的な権利行使の必要性に対応できると思われます。しかし同仮処分は共同相続人の「急迫の危険を防止」する必要がある場合に仮処分ができるとされており、その文言上、厳格な要件を課しています。

　この規定を預貯金債権の仮分割に限り、一定の要件の下でこの要件を緩和することが求められました。

② 家事事件手続法上の保全処分の要件緩和（2019 年 7 月以降）

　改正法では、以下のように保全処分の要件が緩和されました。

　家庭裁判所は、

　①遺産の分割の審判または調停の申し立てがあった場合において

　②相続財産に属する債務の弁済、相続人の生活費の支弁その他の事情により遺産に属する預貯金債権に当該申し立てをした者または相手方が行使する必要があると認めるときは、

　③その申し立てにより、

　④遺産に属する特定の預貯金債権の全部または一部をその者に仮に取得させることができることになります（家事事件手続法 200 条 3 項＝新設）。

　改正のポイントは、「**②相続財産に属する債務の弁済、相続人の生活費の支弁その他の事情により遺産に属する預貯金債権に当該申し立てをした者または相手方が行使する必要があると認めるとき**」です。改正前法の 202 条 2 項の「**共同相続人の「急迫の危険を防止」する必要がある場合**」から緩和されています。これは、仮処分の必要性の判断を家庭裁判所の裁量に委ねる趣旨です。

　また、「**④遺産に属する特定の預貯金債権の全部または一部をその者に仮に取得させることができる**」とされているのは、民事事件における保全と本案訴訟の関係と同様、原則として仮分割が認められて申立人に預貯金の一部が給付されても、本分割においてはそれを考慮すべきでは

なく、あらためて仮分割された預貯金債権を含めて審判をすべきものとしたものです。

なお、他の共同相続人の利益を害する場合には、上記の保全処分による仮払いは認められません。

③ 金融機関の実務への影響

本改正によって、預貯金債権の仮払いが進む可能性があるため、相続人の一部から葬儀費用や当面の生活費用等の払い戻し請求を受けた金融機関は、仮処分の決定がある場合は、その内容を確認した上で、それに基づいて払い戻しをすればよいことになります。

家庭裁判所の判断を経ないで、妻が亡くなった夫の預貯金から葬儀費用や当面の生活費を払い戻す方策はありませんか？

遺産に属する預貯金債権のうち、一定額については、各相続人が単独で金融機関の窓口で払い戻すことが認められます。

1 家庭裁判所の判断を経ないで預貯金の一部の払い戻しを認める必要性

　Q4で説明した、家事事件手続法の保全処分の要件緩和（家事事件手続法 200 条 3 項）は同法 200 条 2 項の要件を緩和し、一定の要件の下で預貯金債権の仮払いを認めるものです。しかし要件が緩和されたとはいえ裁判所が介入するなら、相続人にとっては大きな負担です。そのため一定の上限を設けた上で、裁判所の判断を経ることなく、金融機関の窓口において預貯金の払い戻しを受けることができる制度を設ける要請があり、それが改正 909 条の 2 に規定される遺産の分割前における預貯金債権の行使です。

　遺産の分割前における預貯金債権の行使を利用すれば、各共同相続人が、裁判所の判断を経ることなく金融機関の窓口において、遺産に含まれる預貯金を払い戻せます。

② 家庭裁判所の判断を経ずに払い戻しが得られる制度の創設

　各共同相続人は、遺産に属する預貯金債権のうち相続開始の時の債権額の3分の1に当該共同相続人の法定相続分を乗じた額（金融機関ごとに150万円を限度とする）については、単独でその権利を行使できます。この場合において、当該権利の行使をした預貯金債権については、当該共同相続人が遺産の一部の分割によりこれを取得したものとみなされます（改正909条の2、民法第九百九条の二に規定する法務省令で定める額を定める省令）。

【計算式】
単独で払い戻しできる額＝（相続開始時の預貯金債権の額）×（3分の1）×（当該払い戻しを求める共同相続人の法定相続分）

　「相続開始の時の債権額の3分の1に当該共同相続人の法定相続分を乗じた額」とされたのは、最高裁平成28年12月19日決定による預貯金を遺産分割の対象とする要請に配慮しつつ、葬式費用等の資金需要や高齢世帯の貯蓄状況等を勘案したものです。

　具体例として「標準的な当面の必要生計費、平均的な葬式の費用」が挙げられていますが、社会情勢による変動に鑑み、「預貯金債権の債務者」（すなわち金融機関）ごとに150万円を限度とすることとされています（民法第九百九条の二に規定する法務省令で定める額を定める省令）。

　各金融機関ごとに150万円が仮払いの上限となります。同一の相続人は150万円までならば何回でも仮払いの請求ができます。

　「相続開始時の預金債権額」が基準となりますので、仮払いのあった預金口座について、他の相続人から仮払いがあった場合も相続開始時の預貯金口座の残高に従い仮払いの計算がなされます。仮に、相続開始後に、一部の相続人が被相続人の預金口座から金融機関のATMでキャッ

シュカードを使って預金の一部を払いだした場合（いわゆる勝手払い）でも、相続開始時の預金債権額を基準として仮払いの金額が決められます。ただし、預金残高が仮払い金額に満たない場合は、残高を超える仮払いは認めらません。

支店・営業店を問わず、同一の金融機関に普通預金と定期預金が複数ある場合、これらの合計で150万円までが上限となります。どの預金から払い戻すかは、仮払いの申請者である相続人が選択します。定期預金から仮払いをした場合、全額が中途解約となり、約定の利息は支払われませんし、仮払い金額を除いた元本の一部をそのまま預かることはできません。

例えば、共同相続人が被相続人の「配偶者」と「子２人」の場合で、相続開始時の遺産が1200万円の場合には、以下のとおり、「配偶者」150万円、「子」はそれぞれ100万円を上限とする仮払いが認められます。

○２つの仮払

遺産分割における公平性を図りつつ，相続人の資金需要に対応できるよう，2つの仮払い制度を設けることとする。
(1) 預貯金債権に限り，家庭裁判所の仮分割の仮処分の要件を緩和する。
(2) 預貯金債権の一定割合（金額による上限あり）については，家庭裁判所の判断を経なくても金融機関の窓口における支払を受けられるようにする。

(1) 保全処分の要件緩和
　仮払いの必要性があると認められる場合には，他の共同相続人の利益を害しない限り，家庭裁判所の判断で仮払いが認められるようにする（家事事件手続法の改正）

(2) 家庭裁判所の判断を経ずに払戻しが得られる制度の創設
　遺産に属する預貯金債権のうち，一定額については，単独での払戻しを認めるようにする。
（相続開始時の預貯金債権の額（口座基準））×1/3×（当該払戻しを行う共同相続人の法定相続分）＝単独で払戻しをすることができる額
　　　（例）預金600万円　→　長男　100万円払戻し可

出所：法務省作成資料

配偶者：1200万円 × 1/3 × 1/2 ＝ 200万円 ➡ 150万円の上限を超える
ので、150万円が上限

子1人：1200万円 × 1/3 × 1/4 ＝ 100万円

③ 金融機関の実務上の対応

　預貯金債権について、相続開始の時の債権額の3分の1に当該共同相
続人の法定相続分を乗じた額（金融機関ごとに150万円を限度）につい
ては、家庭裁判所の保全処分を経ずに払い戻しが認められることになる
ため、金融機関としては、葬儀費用や当面の生活費用、相続債務の支払
いのために、共同相続人全員の同意がなくても払い戻しに応じやすくな
ります。金融機関としては、①預金者（被相続人）の死亡事実の確認、
②「相続開始時遺産に属する預貯金債権の額」と、③共同相続人による
遺産分割の有無、④相続人の範囲、⑤法定相続分の確認、⑥仮払いの申
請者が相続人であることの確認が必要です。

　①「預金者（被相続人）の死亡の事実」は、仮払い申請者である相続
人に、被相続人の死亡診断書や住民票の除票の写し、除籍謄本の提出を
求めます。

　②「相続時に遺産に属する預金債権の額」を確認するためには、被相
続人の遺言・遺贈の確認が必要となります。被相続人が遺言により受遺
者に遺贈した遺産は共同相続人が相続した遺産に属しないため、仮払い
の対象となりません。また、被相続人が「相続させる旨の遺言」（特定
財産承継遺言）をした遺産についても仮払いの対象となりません。ただ
し、改正により、遺贈だけでなく、特定財産承継遺言についても、対抗
要件主義が適用されることとなったため金融機関としては、所定の債務
者対抗要件が具備されるまでは、当該預貯金債権が遺産に属しているこ
とを前提に処理をすれば足り、仮払いが無効になることはないと解され
ます。

　③「共同相続人による遺産分割」がなされている場合は、150万円を
上限とする預金の仮払いではなく、遺産分割の内容に沿った払戻が可能

となります。

　④「相続人の範囲」や⑤「法定相続分」は、戸籍謄本や（金融機関が認める場合は）法定相続情報一覧図の写しによって確認します。

　戸籍謄本の全部事項証明書には、戸籍開製前に婚姻や死亡により除籍した者や戸籍開製前の認知・養子縁組・離婚・養子離縁等に関する事項が記載されていないので、相続人を漏れなく確認するためには、被相続人が「子」として記載された出生時以降の連続した開製戸籍の提示を求める必要があります。戸籍は、被相続人の本籍地の市区町村役場に請求しますが、郵送請求もできます。

　2017年5月29日に創設された法定相続情報証明制度により、 法定相続情報証明制度により、登記所(法務局)に戸除籍謄本等の束を提出し、併せて相続関係を一覧に表した図（法定相続情報一覧図）を出せば、登記官がその一覧図に認証文を付した写しを無料で交付してくれます。その後の相続手続においては、法定相続情報一覧図の写しを利用いただくことで、戸除籍謄本等の束を何度も出し直す必要がなくなります。

　⑥「仮払いの申請者が相続人であること」は、通常の相続預金の払戻しに準じ、(a) 被相続人の預金通帳・キャッシュカード、(b) 相続関係依頼書等の金融機関所定の様式への記入が必要となります。(a) については、通常、被相続人の銀行印は求められないのが通常ですが、(b) については、仮払い請求者の印鑑登録証明書による押印が必要となるとともに、発行日から6か月以内の当該相続人の印鑑登録証明書が必要となります。相続人であることは、④「相続人の範囲」・⑤「法定相続分」を確認した被相続人の戸籍謄本等で申請者であるお客様が被相続人の相続人であることが証明できればそれで足りますが、そうでない場合は、相続人自身の戸籍謄本等の提示が必要となります。また、通常の預金口座の開設と同様に、本人確認のため、相続人自身の顔写真付き本人確認書類（運転免許証等）の提示が必要となります。

　仮払いの方法は、指定口座への振込みなど、相続人の指定した方法によります。仮払いの金額が特定の預金口座の預金残高と同じ（あるいは多い場合は）、名義変更の方法によることになります。

Q6 亡くなった夫の遺産分割協議がまとまらない場合、妻の当面の生活費を確保するために、預貯金についてのみ先行して一部の遺産分割できますか？

A 改正法により、遺産分割協議および家庭裁判所による一部分割の決定により、遺産のうち一部のみを分割の対象とすることが認められました。家庭裁判所による一部分割においては、他の共同相続人の利益を害する場合は認められません。

1 遺産の一部分割の必要性

　遺産分割は、一回ですべて解決するのが望ましいでしょう。そのため一部分割を求める審判は、その合理的な理由があり、かつ許容性がある場合に限って認められるものと考えられていました。

　しかしながら、預貯金についても遺産分割の対象となるという平成28年12月19日最高裁大法廷決定により、遺産分割がされるまでの期間が長期化することも想定されるため（話がまとまらないと預貯金をおろせない）、仮払いなどの制度はあるとしても、分割できる部分についてのみ早期に遺産分割を認めることが必要となりました。

2 遺産の一部分割

1 協議による一部分割（改正907条1項）

　共同相続人は、被相続人が遺言で禁じた場合を除き、いつでも、その協議で、遺産の全部または一部の分割できることが明確化されました。つまり、今後は取り急ぎ預貯金に関してのみ、遺産分割の協議を進めるといった柔軟な協議が認められます。

② 家庭裁判所による一部分割（改正907条2項）

遺産の分割について、共同相続人間に協議が調わないとき、または協議できないときは、各共同相続人は、その全部または一部の分割を家庭裁判所に請求できます。

ただし、遺産の一部を分割することにより他の共同相続人の利益を害するおそれがある場合におけるその一部の分割については、各相続人は家庭裁判所に請求できません（請求がある場合は請求を却下しなければなりません）。

③ 金融機関の実務への影響

改正により共同相続人全員の同意を得なくても、家庭裁判所の判断を経ない仮払いが認められるようになり、加えて遺産分割協議や家庭裁判所の判断による一部分割による預貯金の払い戻しが認められました。

そのため金融機関は、預貯金を払い戻す際、遺産分割協議書や家庭裁判所の決定書の内容を精査しなければなりません。

家庭裁判所による保全処分や家庭裁判所の判断を経ない仮払いについては、遺言が後で発見された場合には無効となる場合があり得ますが、一部分割についてはこのようなリスクはないので、金融機関としては安心して払い戻すことができます。

Q7 改正前民法における遺産分割前の共同相続人による財産処分の問題点を教えてください。
父親が亡くなり、長男・次男が法定相続人となった場合において、相続開始後に特別受益のある長男が父親の預金から密かに預金を引き出した場合、長男・次男の相続分はどうなるのでしょうか。

A 遺産の分割前に密かに財産が処分された場合、共同相続人は泣き寝入りするほかありませんでした。例えば父親が亡くなり、長男・次男が法定相続人となった場合において、相続開始後に特別受益のある長男が父親の預金から密かに預金を引き出した場合、次男は密かに引き出された預金の返還を求められませんでした。

❶ 改正前民法は、相続開始時ではなく、遺産分割時が基準となっていた

　相続が開始されたら、被相続人が有していた一切の権利義務は、相続財産として相続人に承継されます。この相続財産は、いったんは共同相続人にそれぞれの法定相続分に応じて共有されます。その後、遺産分割を経て、各共同相続人に具体的に分配されます。

　改正前の民法では遺産分割の対象となる財産が確定する基準時は、「相続開始時」ではなく、「遺産分割時」でした。

　つまり「相続開始時」においては存在していたけれども、「遺産分割時」には、その財産が既に存在しなくなってしまっている場合もあり得ます。

　例えば、相続開始直後に、法定相続人の長男が密に被相続人名義の預金を引き出した場合、「遺産分割時」を基準とするならば、その引き出された預金は遺産分割の対象とはなりません。

　長男は、遺産共有となった自らの持分（または持分相当額）を処分し

ているにすぎないため、不法行為も不当利得も成立しないので民事訴訟における救済も困難です。

　この結果、生前贈与等の特別受益を受けた相続人が、相続開始後・遺産分割前に預貯金の一部を引き出した場合には、その引き出した預貯金の金額は相続財産の対象ではなく、不公平な結果となってしまっていました。

○現行法

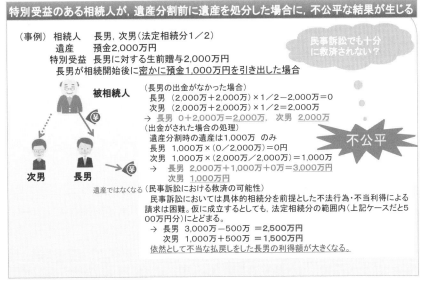

特別受益のある相続人が，遺産分割前に遺産を処分した場合に，不公平な結果が生じる

（事例）相続人　長男，次男（法定相続分1／2）
　　　　遺産　　預金2,000万円
　　　　特別受益　長男に対する生前贈与2,000万円
　　　　長男が相続開始後に密かに預金1,000万円を引き出した場合

民事訴訟でも十分に救済されない？

被相続人

次男　　　長男

遺産ではなくなる

（長男の出金がなかった場合）
　長男　（2,000万＋2,000万）×1／2−2,000万＝0
　次男　（2,000万＋2,000万）×1／2＝2,000万
→　長男　0＋2,000万＝2,000万，次男　2,000万
（出金がされた場合の処理）
　遺産分割時の遺産は1,000万　のみ
　長男　1,000万×（0／2,000万）＝0円
　次男　1,000万×（2,000万／2,000万）＝1,000万
→　長男　2,000万＋1,000万＋0万＝3,000万円
　　次男　1,000万
（民事訴訟における救済の可能性）
　民事訴訟においては具体的相続分を前提とした不法行為・不当利得による請求は困難。仮に成立するとしても，法定相続分の範囲内（上記ケースだと500万円分）にとどまる。
→　長男　3,000万−500万　＝2,500万円
　　次男　1,000万＋500万　＝1,500万円
依然として不当な払戻しをした長男の利得額が大きくなる。

不公平

出所：法務省作成資料

2 改正法による解決

　改正法では、遺産の分割前に遺産に属する財産が処分された場合であっても、共同相続人は、その全員の同意により、当該処分された財産が遺産の分割時に遺産として存在するものとみなすことができます（改正906条の2第1項）。

　また、共同相続人の一人または数人によりの財産が処分されたときは、当該共同相続人については、当該相続人の同意を得ることを要しません

（改正906条の2第2項）。

　この結果、生前贈与等の特別受益を受けた相続人が、相続開始後・遺産分割前に預貯金の一部を引き出した場合においても、その他の相続人が同意した場合には、処分された預貯金の金額を遺産分割の対象に含めることが可能となり、**不当な出金がなかった場合と同じ結果を実現できます**。

○改正後

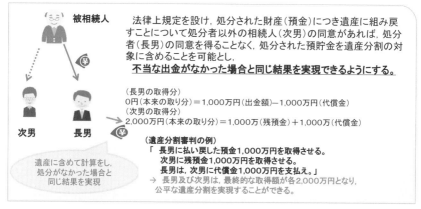

出所：法務省作成資料

③ 金融機関への実務上の影響

　最高裁平成28年12月19日決定により、預貯金債権が遺産分割の対象となり、共同相続人の一人による相続開始後・遺産分割前の預貯金債権の払い戻しは、預貯金債権の仮払い（Q5）が認められる範囲を超える部分についても、本制度によって遺産分割の対象となり、結果として公平な解決が図られることになります。

　この結果、金融機関として二重払いの負担を逃れる場合もでてくると思われますが、紛争に巻き込まれることを防ぐためにも、仮払いに応じる場合には、「相続開始時の預貯金債権の額」と法定相続分を確認する必要があります。

5 遺言制度の見直し

事例 （自筆証書遺言の見直し・自筆証書遺言保管制度）
X信用金庫の営業職員Yは、顧客A（80歳）から遺言書の作成についてアドバイスを求められました。

（1）YはAから自筆証書遺言と公正証書遺言のいずれによるべきか説明を求められた場合どのような説明をすればよいでしょうか。

（2）Aが自筆証書遺言によることを希望する場合、Yは自筆証書遺言のデメリットとデメリットを解消する自筆証書遺言保管制度についてどのような説明をすればよいでしょうか。

❶ 質問（1）について（第4．Q1）

　以下のような一般的な説明に留め、どちらの方式によるべきかを含め、詳細については弁護士等の専門家に相談するように促すべきです。

ア　自筆証書遺言

　自筆証書遺言は、遺言の全文を自書で書く遺言のことです。

　公証役場において、証人の立会いの下作成しなければならない公正証書遺言と比べて、手軽に作成でき、費用もかからず、内容を他人に知られないという長所があります。

　改正前民法においては、自筆証書遺言は、全文自書で作成しなければならず、遺言作成者には負担が大きく、形式の不備で無効になるリスクがありました。また、一部の相続人による変造や隠匿のリスクがありました。さらに、家庭裁判所の検認手続を経なければ遺言の執行はできませんでした。

　しかし、2019年1月13日に施行された相続法の改正により、自筆証書遺言に添付する財産目録は自書によらなくてもよいことになりました。また、法務局による自筆証書遺言の保管制度が2020年7月10日から稼働し、自筆証書遺言のかかえるリスクが相当軽減されました。

イ　公正証書遺言

　公正証書遺言とは、公証役場の公証人に作成してもらい、かつ、原本を公証役場で保管してもらう方式の遺言のことです。

　作成・保管共に専門家である公証人がしてくれるので、法的に最も安全・確実で、後日の紛争防止のためにも一番望ましいと考えられます。また、家庭裁判所の検認手続が不要なので遺言者の死亡後すぐに執行できます。

　ただし、その分の手間と公証人費用等がかかること、証人２人の立会いが必要なことから遺言内容を自分だけの秘密にすることができないことなどのデメリットもあります。

② 質問（2）について（第4. Q3）

　以下のように自筆証書遺言のデメリットとそのデメリットを解消する自筆証書遺言保管制度について一般的に留まる説明をし、詳細については弁護士等の専門家に相談をするように促すべきです。

　自筆証書遺言には、次のようなデメリットがあります。

①作成や保管に第三者が関与しないので、遺言を紛失する可能性がある。
②遺言者の死亡後に、複数の遺言書が発見された場合や、遺言書の偽造や変造が主張された場合、遺言書の作成の真正等をめぐって深刻な紛争が生じる可能性がある。
③相続人が遺言書に気づかずに遺産分割を行ってしまうおそれがある。
④厳格な要件が定められており、様式不備を理由に無効となってしまうおそれがある。

　自筆証書遺言保管制度においては、自筆証書遺言は、①遺言書の用紙は文字が明瞭に判読できる A4 判の紙であること、②各ページにページ番号があること、③片面のみに記載すること、④用紙の上下左右に一定の余白があること等の様式を満たさなければならないので、自筆証書遺言が様式不備を理由に無効となるというデメリット（上記１④）に一定程度対応できます。

遺言書の保管の申請は、遺言者が遺言書保管所に自ら出頭して行わなければならず、遺言書保管官は、本人確認書類により、申請人が本人であるかどうかの確認をします。これにより、遺言者の真意に基づかずに作成された遺言書の保管の申請・保管がされることを防ぎ、遺言者の死亡後に成立の真正について紛争が生じる可能性があるというデメリット（上記1②）にも一定程度対応できます。

　遺言書保管官は、遺言書の保管を開始したときは、遺言者に保管証を交付しなければなりません。保管証には、遺言者の氏名および出生年月日、遺言書保管所の名称、保管番号が記載されているため、法務局に遺言書が保管されていることを家族である推定相続人に伝えることができます。保管の申請がされた遺言書については、遺言書保管官が、遺言書保管所の施設内において原本を保管するとともに、その画像情報等の遺言書に係る情報を管理します。これらにより、遺言書の紛失や改ざんというデメリット（上記1①②）に対応することができます。

　遺言者の死後、遺言者の相続人、受遺者等は、遺言者の死亡後、遺言書の画像情報等を用いた証明書（遺言書情報証明書）の交付請求および遺言書原本の閲覧請求できます。遺言書保管官は、遺言書情報証明書を交付しまたは相続人等に遺言書の閲覧をさせたときは、速やかに、当該遺言書を保管している旨を遺言者の相続人、受遺者および遺言執行者に通知します。これにより、当該相続人が自筆証書遺言書があることを隠匿した場合に他の相続人が遺言書に気づかず遺産分割が行われてしまうというデメリット（上記1③）が一定程度軽減されます。

事例

（遺言執行者の制度の見直し）
X 銀行 Y 支店に、被相続人 A の遺言執行者であるとする A の長男である B が X 銀行に開設された A 名義の預金の払戻しの請求をしました。Y 支店の営業職員である Z はどのようなことを確認する必要があるでしょうか。Y 支店において A 名義の預金の払戻しの申し入れをしたのが B から復任を受けた弁護士 C である場合、Z はどのようなことを確認する必要があるでしょうか。

（第 4. Q4、Q6 参照）

　遺言執行者は「未成年」「破産者」以外であればどんな人でもなることができるので、相続人である A も遺言執行者となることができます。

　改正法の施行前（2019 年 6 月以前）は、「遺言執行者は、相続人の代理人とみなす」ものとされていましたが、改正法では、「遺言執行者は、遺言の内容を実現するため、相続財産の管理その他遺言の執行に必要な一切の行為をする権利義務を有する」こととされました。これは、遺言の内容を実現することが遺言執行者の責務とするもので、必ずしも相続人の利益のために職務を行うものでないことを明らかにするものです。

　改正法の施行前（2019 年 6 月以前）は、遺言執行者は、遺言の執行に必要な一切の行為をする権限を有するとされていたため、遺言執行者の権限の内容は、結局のところ遺言の内容によることになりましたが、遺言の記載内容からだけでは、遺言者が遺言執行者にどこまでの権限を付与する趣旨であったのかその意思が必ずしも明確でない場合も多かったのです。

　改正法（2019 年 7 月以降）においては、被相続人による財産の処分として実務上もしばしば用いられる遺贈および遺産分割方法の指定（相続させる旨の遺言）について、その原則的な権限の内容が法定されました。

　改正法の施行前は、相続させる旨の遺言については、何らの行為を要せずして、被相続人の死亡の時に直ちに当該遺産が当該相続人に相続に

より承継されるので、被相続人名義の預貯金である限り、本来は遺言執行の余地はないものの、銀行実務上は、遺言執行者の払戻請求に応じていました。

　改正後は「相続させる旨の遺言」（特定財産承継遺言）において、財産が預貯金債権である場合は、遺言執行者は、対抗要件具備行為のほか、預貯金の払戻しの請求およびその預貯金に係る契約の解約の申入れができることが明確化されました。

　また、改正法の施行前（2019年6月以前）は、遺言執行者は、やむを得ない事由がなければ、第三者にその任務を行わせることができませんでした。改正法の施行後（2019年7月以降）は、遺言執行者は、遺言において別段の定めがない限り、自己の責任で第三者にその任務を行わせることができるようになりました。

　したがって、Bは弁護士Cに遺言執行者を復任することができ、CはX銀行Y支店においてA名義の預金の払戻を求めることができます。

　Zは、相続人である遺言執行者Bから委任されて遺言執行者となったとCが窓口で預貯金の払い戻しを求める場合には、Aの遺言書において、Bが遺言執行者として指定されているか、また、遺言執行者の復任について制限がないか確認をする必要があります。また、BからCに対する復任に関する委任状の確認とCの本人確認もした上で、預貯金の払い戻しに応ずる必要があります。

Q1 遺言にはどのような種類があるのですか？

A 遺言には、自筆証書遺言・公正証書遺言・秘密証書遺言と3種類あります。自筆証書遺言は、公正証書遺言と比べて、手軽に作成でき、内容を他人に知られないというメリットがあります。しかしながら、本人がすべて自書をしなければならず、形式の不備で無効となるリスクがあります。また、一部の相続人による変造や隠匿のリスクがあります。

① 遺言の種類

遺言には、「普通方式遺言」と「特別方式遺言」があります。

通常の場合は、「普通方式遺言」によることになり、「自筆証書遺言」、「公正証書遺言」、「秘密証書遺言」の3種類があります。

「特別方式遺言」は、「普通方式遺言」によることができない特殊な状況（病気や事故により死が目前まで迫っている状況）下にある場合に利用されるもので、「普通方式遺言」の要件を若干緩和しています。「危急時遺言」と「隔絶地遺言」があります。

以下では、一般に用いられる「普通方式遺言」について説明します。

⬚1 自筆証書遺言

自筆証書遺言は、遺言の全文を自書で書く遺言です。

公証役場において、証人の立ち会いの下作成しなければならない公正証書遺言と比べて、手軽に作成でき、費用もかからず、内容を他人に知られないという長所があります。

改正法の施行前においては、自筆証書遺言は、全文自書で作成しなけ

ればならず、遺言作成者には負担が大きく、形式の不備で無効になるリスクがありました。一部の相続人による変造や隠匿のリスクもありました。さらに、家庭裁判所の検認手続きを経なければ遺言の執行はできませんでした。

しかし、2019年1月13日に施行された改正法では、自筆証書遺言に添付する財産目録については、自書でなくてもよいことになりました。また、法務局による自筆証書遺言の保管制度が、令和2年（2020年）7月10日から稼働し、自筆証書遺言のかかえるリスクが相当軽減されました。

② 公正証書遺言

公正証書遺言とは、公証役場の公証人に作成してもらい、かつ、原本を公証役場で保管してもらう方式の遺言です。

作成・保管共に専門家である公証人がしてくれるので、法的にもっとも安全・確実で、後日の紛争防止のためにも一番望ましいと考えられます。また、家庭裁判所の検認手続きが不要なので遺言者の死亡後すぐに執行できます。

ただし、その分の手間と公証人費用がかかること、証人2人の立ち会いが必要なことから遺言内容を自分だけの秘密にできないなどのデメリットもあります。

公証人手数料（目的の財産の価格で異なる）、遺言手数料、用紙代などを合わせると数万円以上となります。また、弁護士や司法書士に公正証書遺言の作成を依頼するとさらに手数料がかかります。

公正証書遺言の作成の手続きは、①証人2人以上が立ち合い、公証人から本人確認、質問等を受け、②遺言者が遺言の趣旨を公証人に口頭で伝え、③公証人が遺言者の口述を筆記し、これを遺言者および証人に読み聞かせ、④遺言者および証人が、筆記の正確なことを承認し、各自これに署名押印し、⑤公証人が、民法に定める方法に従い真正に作成された旨を付記し、署名押印することによります。

○自筆証書遺言・公正証書遺言・秘密証書遺言の比較

	自筆証書遺言	公正証書遺言	秘密証書遺言
作成方法	（改正前）本人が遺言の全文・氏名・日付をすべて自筆する。⇒（**改正法）自筆証書遺言に添付する財産目録については、自書でなくてもよい。**	(1) 証人(2人以上)の立ち会いのもと、遺言者が内容を口授（くじゅ・口頭で伝える）。 (2) 口授の内容を公証人が筆記 (3) 筆記したものを公証人が遺言者と証人に読み聞かせる (4) 公証人、遺言者、証人がそれぞれ署名押印する。	本人が証書に署名・押印した後、封筒に入れ封印して公証役場で証明してもらう。
証人	不要	証人2人以上	公証人1人、証人2人以上
家庭裁判所の検認	必要	不要	必要
遺言の開封	家庭裁判所の遺言の検認手続きで相続人等の立ち会いの下で開封	開封手続き不要	家庭裁判所の遺言の検認手続きで相続人等の立ち会いの下で開封
保管場所	（改正前）・保管制度なし。・タンスや銀行の貸金庫など、死後に相続人が発見しやすい場所に保管する。（改正後）**⇒自筆証書遺言に**	・公証役場で原本が保管される。・同内容の正本が遺言者に交付されるため、相続人が見つけやすい場所に保管するか、遺言執行人などの第三者に預けておく。	・保管制度なし。・タンスや銀行の貸金庫など、死後に相続人が発見しやすい場所に保管する。

		・法定相続人等は、全国の公証役場で、被相続人の公正証書遺言が存在するか検索することが可能。	
	かかる遺言書の保管制度創設		
長所	・手軽に作成できる ・内容を他人に知られない	・形式の不備などで無効になるリスクが低い ・変造や隠匿されるリスクが低い ・検認が不要 ・病気などで自書できない人でも作成できる。	・遺言の存在を明確にできる ・遺言内容を秘密にできる ・署名・押印以外は自書以外でもよい
短所	・形式の不備で無効になるリスクがある ・変造や隠匿のリスクがある ・家庭裁判所の検認が必要 ・自書できない人は作成できない。	・費用、証人を選任するなどの手間がかかる。 ・遺言の内容が証人ら他人に知られる	・形式の不備で無効になるリスクがある ・変造や隠匿のリスクがある ・家庭裁判所の検認が必要 ・費用がかかる

③ 秘密証書遺言

　秘密証書遺言とは、遺言者が自分で作成した遺言書を2人の証人と同行して公正役場に持ち込み、遺言書の存在を保証してもらう遺言です。証人と公証人には遺言の内容は公開せず、遺言書があるという事実だけを明確にするのが目的です。

　自筆証書遺言と異なり、署名と押印だけ遺言者が行えば、他の内容はワープロ等での作成や他人による代筆が認められているのも特徴の1つです。

　秘密証書遺言は手続きの際に公証人と証人に内容を公開する必要はないので、誰にも遺言の内容を知られずに遺言の存在だけを認識させられるのがメリットです。

　しかしながら、誰にも内容を公開しない代わりに不備があっても誰にも指摘してもらえず、不備があれば秘密証書遺言の手続きをしても自筆証書遺言と同様に遺言内容が無効となります。また、手続きが済んだ後は自分で遺言を持ち帰り保管する必要があるため、紛失・盗難のリスクを避けられないというデメリットもあります。さらに、秘密証書遺言には、11,000円の手数料が必要になるので、公正証書遺言よりも割高になってしまう場合もあります。秘密証書遺言は、自筆証書遺言と同様に、家庭裁判所の検認手続きを経なければ遺言の執行はできません。

❸ 顧客へのアドバイスと留意点

ア　顧客へのアドバイス

　自筆証書遺言は、遺言の内容を知られたくなく、費用もかけたくないお客様に向いています。

　公正証書遺言は、お金が多少かかり遺言の内容を第三者に知られたとしても、第三者による隠蔽や改ざんのなく、後日紛争もなく確実に遺言の内容を実現したいお客様に向いています。

　秘密証書遺言は、署名や押印以外について、ワープロで作成したい顧客や他人による代筆をしたい顧客に向いています。

イ　自筆証書遺言の作成上の留意点
①遺言者に自書能力・遺言能力があること

　自筆証書遺言を作成するためには、遺言者が自書できる能力を備えていなければなりません。目が見えない、手に怪我をしている、手が震えるといった理由で、他人に手を添えてもらって記載した「自筆証書遺言」について、自書によるものであるかどうかが争われることがあります。裁判においては、他人の意思が介在したものであるか、あるいは、自書を手助けするために添え手をしただけにとどまるものであるかにより、「自筆証書遺言」の有効性が判断されます。

　遺言者が認知症の疑いがあり、遺言能力に疑いがある場合には、医師の診断書を取得することによって、トラブルを予防することも可能ですが、心配である場合には、公正証書遺言の形式によって遺言書を作ることも検討すべきでしょう。

②日付が明記されていること

　遺言書の日付の記載は、複数の遺言書が存在したときに、その先後、すなわち、どちらの遺言が優先するかを決定するために非常に重要です。

　自筆証書遺言を有効に作成するためには、遺言書に自筆で日付を明記する必要があります。

　①遺言書に日付がない場合、

　②遺言書に日付の記載が印字されており自書でない場合、

　③遺言書の日付の自書が「令和2年10月吉日」など明確でない場合は、
　　無効です

③署名押印がなされていること

　自筆証書遺言として有効に成立するためには、遺言書に署名と押印が必要です。署名は自書による必要があります。

　氏名は、通称やペンネームでもよいと考えられていますが、誰の作成した遺言であるか認識できるよう、戸籍上の氏名を記載するのが無難です。

　押印する印鑑は、必ずしも実印である必要はなく、認印や三文判でも構いません。

④自筆証書遺言の加除・変更・修正の方法

　自筆証書遺言は、遺言書を作成した人であれば、いつでも加筆、変更、修正することができます。

　ただし、以下のルールに従わなければ、遺言が無効となる可能性があります。

　①遺言者が、加筆、変更、修正する場所を指示すること

　②遺言者が指示した場所を変更した旨を付記すること

　③変更場所に署名をし、押印をすること

　変更場所に押印する印鑑は、遺言書の作成のときに使用した印鑑で行う必要があります。

ウ　金融機関としての留意点

　金融機関としては、後日の紛争に巻き込まれないようにするため、従前はお客様に対しては多少費用がかかっても公正証書遺言をおすすめしていたのではないでしょうか。

　自筆証書遺言の作成を希望されるお客様に対しては、全文自筆で書くことにより、後で形式不備で無効になる可能性や一部の相続人による変造・隠匿のリスクがあることをお話して、自筆証書遺言の作成方法を記載した書面などをあらかじめお渡ししておくことも考えられます。また、家庭裁判所の検認手続きを経るまでは、開封しないようにお伝えしておくのがよいでしょう。

　もっとも、相続法の改正により、平成31年（2019年）1月13日より、財産目録がパソコンで作成できるようになったこと、また、令和2年（2020年）7月10日より自筆証書遺言の保管制度が創設され、自筆証書遺言がかかえる隠匿・変造のリスクが軽減されたため、費用などあまりかけたくない方には、自筆証書遺言の保管制度の利用することもアドバイスするのがよいでしょう。

　秘密証書遺言は、自筆証書遺言と同様に変造・隠匿のリスクがあり、公正証書遺言よりも費用がかかることがあることから、あまりおすすめできません。

なお、以上の説明は、弁護士法などの観点で一般的な説明にとどめ、どの方法によるかを含めて具体的な内容については弁護士等の専門家に相談するように促すのが適切です。

　金融機関においては、遺言書の作成手続やそれぞれのメリット・デメリットをまとめたパンフレットを作成しておき、それを顧客に配布することも考えられます。

❸ 改正法による自筆証書遺言の問題点の解決

　改正法では、自筆証書遺言に添付する財産目録については、自書でなくてもよいこととなり、全文自書によらなければならないという負担が緩和されました（Q2）。

　また、自筆証書遺言の変造や隠匿防止のため、自筆証書遺言にかかる遺言書の保管制度が創設されました（Q3）。

自筆証書遺言をパソコンで作りたいのですがどうすれば
いいでしょうか？

A 自筆証書遺言はすべて手書きで書かなければならず、パソ
コンで作った自筆証書遺言は無効でした。ただし今回の改正
で財産目録をパソコン等で作成したり、銀行通帳のコピーや
不動産の登記事項証明書等を目録として添付したりして、遺言の一部を
パソコンで作成できるようになりました。

❶ 改正法施行前の自筆証書遺言作成上の問題点

　自筆証書遺言は、公正証書遺言と比べて、手軽に作成でき、内容を他
人に知られないという長所があります。

　しかしながら、改正法の施行前においては、自筆証書遺言は、全文自
書で作成しなければならず、遺言作成者には負担が大きく、また、形式
の不備で無効になるリスクがありました。

　とりわけ、財産目録も全文自書で作成しなければならない点は負担が
大きいものでした。

○改正法施行前

自筆証書遺言を作成する場合には全文自書する必要がある。

現行法の規律
遺言書の<u>全文</u>を<u>自書</u>する必要がある。

遺言書

全部の手書きは
負担が重い…

財産目録

財産目録も全文自
書しなければならな
い。

× パソコンで目録
を作成
× 通帳のコピーを
添付

【問題点】
・全文の自書は相当な負担。
（特に，財産が多数ある場合）

出所：法務省作成資料

② 自筆証書遺言の作成の負担の緩和

　改正法では、「財産目録」について、パソコンによる作成や通帳のコ
ピーの添付、あるいは、遺言者以外の者による代筆も認められました
（改正968条2項）。ただし、財産目録以外の遺言書は自書する必要があ
ります。また、すべての頁（両面の場合は両面）への署名・押印しなけ
ればなりません。

　なお、遺言書の加除・訂正をする場合、「財産目録」であっても、通
常の加除訂正の方式（つまり、自書）による必要があります。

　遺言書本文をワープロ書きした場合には方式不備で無効となりますの
でご注意ください。

〇改正法の施行後

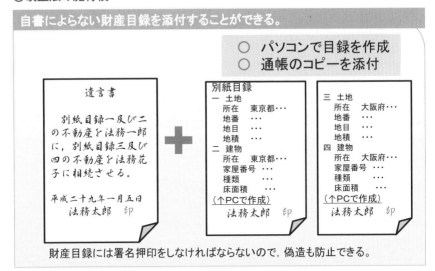

出所：法務省作成資料

③ 金融機関への実務上の影響

　金融機関としては、自筆証書遺言により預貯金を相続した相続人に対する払い戻し請求がある場合において、自筆証書遺言の有効性（とりわけ、財産目録の有効性）に疑義がある場合においては、払い戻しに応ずることについてリスクがありましたが、財産目録が預金通帳の写し等による場合はそのようなリスクが軽減されます。

　もっとも、財産目録以外の部分については、依然として遺言者の自筆によること、また、すべての頁に遺言者の署名・押印があるかについては慎重に確認をする必要があります。

Q3 自筆証書遺言の保管制度が新たに創設されましたがどのような制度ですか？

A　遺言書の紛失や相続人による隠匿・改ざんを防止するために、法務局における自筆証書遺言書の保管制度が 2020 年 7 月 10 日に創設されました。

❶ 自筆証書遺言の問題点

　自筆証書遺言には、簡単に作成でき、公正証書遺言と異なり特別の費用もかからず自由度が高いというメリットがあります。

　しかしながら、次のようなデメリットがあります。

①作成や保管に第三者が関与しないので、遺言を紛失する可能性がある。

②遺言者の死亡後に、複数の遺言書が発見された場合や、遺言書の偽造や変造が主張された場合、遺言書の作成の真正等をめぐって深刻な紛争が生じる可能性がある。

③相続人が遺言書に気づかずに遺産分割を行ってしまうおそれがある。

④厳格な要件が定められており、様式不備を理由に無効となってしまうおそれがある。

　このような現状の問題点を解決するため、令和 2 年（2020 年）7 月10 日より、「法務局による遺言書の保管等に関する法律」に基づき、法務局における自筆証書保管制度が創設されました。

② 自筆証書遺言にかかる遺言書保管制度

○自筆証書遺言保管制度の手続の流れ

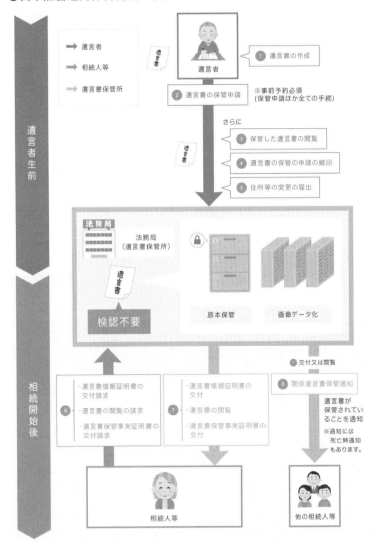

出所：法務省作成資料

①　遺言書の保管の申請（遺言者の生前）

ア　法務局への申請

　保管の申請の対象となるのは、自筆証書遺言書のみです。

　遺言書の保管に関する事務は、法務局のうち法務大臣の指定する法務局（遺言書保管所）において、遺言書保管官として指定された法務事務官が取り扱います。

　遺言書の保管の申請は、遺言者の住所地もしくは本籍地または遺言者が所有する不動産の所在地を管轄する遺言書保管所の遺言書保管官に対してすることができます。

イ　自筆証書遺言書の様式

　遺言書は、法務省令で定める様式に従って作成された無封のものでなければなりません。

　「法務省令で定める様式」とは、①遺言書の用紙は文字が明瞭に判読できる A4 判の紙であること、②各ページにページ番号があること、③片面のみに記載すること、④用紙の上下左右に一定の余白があること等です。

　保管の申請を受けた場合、遺言書保管官は、外形的に見て有効な自筆証書遺言でないことが一義的に明白である場合でないか、「法務省令で定める様式」に従って作成したものであるかなどを審査し、要件を満たしていない場合には、その申請を却下します。

　「外形的に見て有効な自筆証書遺言でないことが一義的に明白である場合」とは、作成日付のない遺言書（「令和4年3月吉日」という日付の記載を含む）、氏名の記載のない遺言書、押印がない遺言書、本文がワープロを使用して作成された遺言書、ワープロで作成した財産目録の各ページに署名・押印のない遺言書等です。

　これにより、自筆証書遺言が様式不備を理由に無効となるというデメリット（上記1④）に対応できます。

○自筆証書遺言保管制度における遺言書の様式の注意事項

以下は，本制度で預かる遺言書の形式面での注意事項です。
遺言書保管所においては，遺言の内容についての審査はしません。

財産の特定のためには，遺言書に財産目録を添付いただいた方が確実です。

推定相続人（相続が開始した場合に相続人となるべき者）には「相続させる」又は「遺贈する」と記載します。
※推定相続人に対して，財産を「相続させる」旨の遺言をする場合は，遺言書の保管申請書の【受遺者等・遺言執行者等欄】に記載する必要はありません。
※推定相続人に対して，財産を「遺贈する」場合は，遺言書の保管申請書の【受遺者等・遺言執行者等欄】に受遺者として，その氏名等を記載してください。

推定相続人以外の者には「相続させる」ではなく「遺贈する」と記載します。
※推定相続人以外の者に対して，財産を「遺贈する」場合は，遺言書の保管申請書の【受遺者等・遺言執行者等欄】に受遺者として，その氏名等を記載してください。

※遺言執行者については，遺言書の保管申請書の【受遺者等・遺言執行者等欄】にその氏名等を記載してください。

署名＋押印が必要です。
押印は認印でも差し支えありませんが，スタンプ印は避けてください。

内容を変更する場合には，その場所が分かるようにして，変更した旨を付記して署名し，変更した場所に押印をする必要があります。
変更が煩雑になる場合や心配な場合には，書き直すことをお勧めします。

遺言書を作成した年月日を記載してください。「○年○月吉日」などの記載では保管することはできません。

用紙は，Ａ４サイズで，文字の判読を妨げるような地紋，彩色等のないものを使ってください。
財産目録以外は全て自書する必要があります。
長期間保存しますので，ボールペン等の容易に消えない筆記具を使ってください。
ページ数の記載や変更の記載を含めて，余白部分には何も記載しないでください。
裏面には何も記載しないでください。

出所：法務省作成資料

○自書によらない財産目録の例

通帳のコピーを財産目録として添付するときは，銀行名，支店名，口座名義，口座番号等が分かるページをコピーしてください。

不動産の場合には，所在，地番・家屋番号等により特定できれば，登記事項証明書の一部分やコピーを財産目録として添付してもかまいません。
※別紙1は，登記情報提供サービス（https://www1.touki.or.jp）を利用して印刷した例です。

財産目録は，自書する必要はありませんが，記載のある全てのページに署名＋押印が必要です。

遺言書本文・財産目録には，各ページに通し番号で，ページ数を自書してください。

遺言書は，左辺に2穴を開けて保管しますので，20ミリメートル以上の余白を確保してください。

用紙は，A4サイズで，文字の判読を妨げるような地紋，彩色等のないものを使ってください。長期間保存しますので，財産目録としてコピー等を添付する場合には，感熱紙等は使用せず，印字が薄い場合には，印刷・コピーをやり直してください。
ページ数の記載や変更の記載を含めて，余白部分には何も記載しないでください。
裏面には何も記載しないでください。

出所：法務省作成資料

ウ　遺言者本人の出頭・本人確認

　遺言書の保管の申請は、遺言者が遺言書保管所に自ら出頭して行わなければなりません。その際、遺言書保管官は、申請人が本人であるかどうかの確認をします。具体的には、遺言書保管官への①個人番号カード、運転免許証、運転経歴証明書、旅券、在留カードまたは特別永住者証明書の提示か、または、②官公署から発行・発給された書類その他これに類する書類（氏名・出生年月日・住所の記載があり、本人の写真が貼付されたものに限る）であって、当該書類の提示を行う者が本人であることを確認することができるものとして遺言書保管官が適当と認めるものの提示をする方法によります。

　これにより、遺言者の真意に基づかずに作成された遺言書の保管の申請・保管がされることを防ぎ、遺言者の死亡後に成立の真正について紛争が生じる可能性があるというデメリット（上記1②）にも一定程度対応できます。

エ　手数料

　保管の申請の手数料は、保管年数等にかかわらず、遺言書1通につき、3900円です。

②　遺言書保管官による遺言書の保管および情報の管理（遺言者の生前）

　遺言書保管官は、遺言書の保管を開始したときは、遺言者に保管証を交付しなければなりません。

　保管証には、遺言者の氏名および出生年月日、遺言書保管所の名称、保管番号が記載されているため、法務局に遺言書が保管されていることを家族である推定相続人に伝えることができます。

　保管の申請がされた遺言書については、遺言書保管官が、遺言書保管所の施設内において原本を保管するとともに、その画像情報等の遺言書に係る情報を管理します。

　これらにより、遺言書の紛失や改ざんというデメリット（上記1①②）に対応することができます。

③ 遺言者による遺言書の閲覧、保管の申請の撤回（遺言者の生前）

ア　遺言者による遺言書の閲覧

　遺言者は、①保管されている遺言書の原本または②遺言書の画像情報を含む遺言書保管ファイルに記録されている事項の閲覧を請求できます。いずれの閲覧の請求も遺言者が出頭して行う必要があります。遺言書の原本の閲覧（①）は、遺言書が保管されている遺言書保管所においてしなければなりませんが、遺言書の画像情報等の閲覧（②）はモニターに表示する方法で行うことになり、全国どこの遺言書保管所においても閲覧できます。

　遺言者の生前は、遺言者以外の者は遺言書等の閲覧の請求をすることはできません。

　なお、遺言書（原本）の閲覧の請求の手数料は1回につき1700円、遺言書の画像情報等の閲覧の請求の手数料は1回につき1400円です。

イ　遺言書の保管の申請の撤回

　遺言者は、遺言書の保管の申請を撤回することもできます。保管の申請が撤回されると、遺言書保管官は、遺言者に遺言書を返還するとともに遺言書に係る情報を消去します。

　保管の申請の撤回は、遺言の撤回とは別であり、自筆証書遺言としての効力に影響を及ぼしません。

　なお、遺言書の保管の申請の撤回には手数料はかかりません。

④ 遺言書の保管の有無の照会および相続人等による証明書の請求等（遺言者の死後）

ア　遺言書情報証明書

　遺言者の死後、遺言者の相続人、受遺者等は、遺言者の死亡後、遺言書の画像情報等を用いた証明書（遺言書情報証明書）の交付請求および遺言書原本の閲覧請求できます。

　遺言書保管官は、遺言書情報証明書を交付しまたは相続人等に遺言書

の閲覧をさせたときは、速やかに、当該遺言書を保管している旨を遺言者の相続人、受遺者および遺言執行者に通知します。これにより、当該相続人が自筆証書遺言書があることを隠匿した場合に他の相続人が遺言書に気づかず遺産分割が行われてしまうというデメリット（上記1③）が一定程度軽減されます。

金融機関の職員は遺言書情報証明書の閲覧をすることはできません。

遺言書情報証明書の交付の請求の手数料は1通につき1400円です。

イ　遺言書保管事実証明書

何人も、特定の死亡している者について、自己（請求者）が相続人、受遺者等となっている遺言書（関係遺言書）が遺言書保管所に保管されているかどうかを証明した書面（遺言書保管事実証明書）の交付を請求できます。

遺言書保管事実証明書の交付の請求の手数料は1通につき800円です。

⑤ 遺言書等の閲覧（遺言者の死後）

遺言者の死亡後は、相続人も遺言書保管所で保管されている遺言書原本又は遺言書の画像情報等の閲覧を請求できます。

遺言者が遺言書の閲覧をする場合と同様に、遺言書原本の閲覧は遺言書が保管されている遺言書保管所において、遺言書の画像情報等の閲覧はモニターに表示する方法で全国どこの遺言書保管所においても行うことができます。

金融機関の職員は、遺言書原本や遺言書の画像情報等の閲覧をすることができません。

遺言書原本の閲覧の請求の手数料は1回につき1700円、遺言書の画像情報等の閲覧の請求の手数料は1回につき1400円です。

⑥ 遺言書の検認不要

遺言書保管所に保管されている遺言書については、遺言書の検認は不要です。

○遺言書保管制度の創設

○自筆証書遺言に係る現状と課題

現　状

自筆証書遺言に係る遺言書は自宅で保管されることが多い。

問題点

・遺言書が紛失・亡失するおそれがある。
・相続人により遺言書の廃棄，隠匿，改ざんが行われるおそれがある。
・これらの問題により相続をめぐる紛争が生じるおそれがある。

対応策

公的機関で遺言書を
保管する制度を創設

【法務局で保管する利点】
・全国一律のサービスを提供できる
・プライバシーを確保できる
・相続登記の促進につなげることが可能

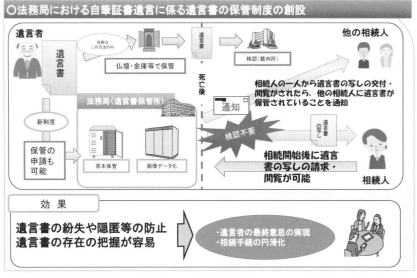

○法務局における自筆証書遺言に係る遺言書の保管制度の創設

遺言者

遺言書

従前は
この方法のみ

仏壇・金庫等で保管

遺言書

検認（裁判所）

他の相続人

死亡後

通知

新制度

法務局（遺言書保管所）

保管の
申請も
可能

原本保管　画像データ化

検認不要

相続人の一人から遺言書の写しの交付・
閲覧がされたら，他の相続人に遺言書が
保管されていることを通知

遺言書
の写し

**相続開始後に遺言
書の写しの請求・
閲覧が可能**

相続人

効　果

**遺言書の紛失や隠匿等の防止
遺言書の存在の把握が容易**

・遺言者の最終意思の実現
・相続手続の円滑化

出所：法務省作成資料

④ 金融機関への実務上の影響

　法務局による自筆証書遺言の保管制度の創設により、相続人による自筆証書遺言の隠匿や改ざんが減り、金融機関が預貯金の払い戻しをめぐる紛争に巻き込まれる可能性が減少すると考えられます。

Q4 遺言執行者はどのようなことをする者でしょうか。また、どのような者が選任されるのでしょうか？

A 　遺言執行者とは、遺言の内容を実現するために必要な手続きをする者のことをいいます。
　遺言執行者には、未成年者および破産者以外の者であればなることができ、相続人のような自然人だけでなく、金融機関のような法人も選任できます。

1 遺言執行者とは？

　遺言執行者とは、相続人の代理人として、遺言の内容を実現するために必要な手続きをする者のことをいいます。具体的には、相続財産目録を作成や、各金融機関での預金解約手続き、法務局での不動産名義変更手続きなど、遺言の内容を実現するために必要な一切の行為をする権限を有しています。

2 遺言執行者を選任するメリット

　遺言執行者は相続開始後の手続きを単独で行う権限があるので、遺言執行者を指定すれは、他の相続人による財産の処分、遺産の持ち逃げなどを阻止できます。

　また、相続人が複数人いる場合、作成する書類の収集や署名押印手続きなどが煩雑になりますが、遺言執行者を指定している場合は、遺言執行者が相続人全員の代理として手続きを進められます。

　特に遺言執行者が必要となるのは、第三者に相続不動産を遺贈し、遺贈登記をする場合です。遺贈登記には、相続人全員が登記義務者となり

名義変更手続きをしなければなりませんが、遺言執行者が選任されていればこの遺言執行者だけが義務者となることで足りるため、相続人以外の第三者への遺贈の際に多く利用されています。

③ 遺言執行者でなければできない手続き

遺言に「隠し子の認知」や「相続人の廃除」が記載されていた場合には、遺言執行者が必要となります。もし遺言において遺言執行者の指定がない場合には、家庭裁判所が遺言執行者を選任します。

これに対して、「遺贈」、「遺産分割方法の指定」、「寄付行為」は、遺言執行者だけでなく相続人もできますが、遺言執行者の指定がある場合は、遺言執行者が執行します。

④ 遺言執行者の指定方法

遺言執行者は以下の３つの決まった指定方法で選任しなければなりません。
①遺言書で指定する
②第三者に遺言執行者を指定してもらうような遺言書を作成する
③遺言者死亡後に家庭裁判所において遺言執行者を選任してもらう

⑤ 遺言執行者の就任

遺言者が死亡したと同時に相続が開始します。相続が開始すると、遺言執行者は、選任されたことについて承諾をするか断るかの回答をしなければなりません。断る場合に理由は必要ありませんので、仕事による多忙といった理由でも構いません。

遺言執行者として就任する場合は、
①就任通知書を作成し、
②相続人全員の戸籍等の証明書を収集し、

③相続財産の調査をして相続財産目録を作成し、

これらの書類を『遺言書の写し』とあわせてすべての相続人へ交付しなければなりません。

❻ 遺言執行者の業務

遺言執行者は、就任後、
①法務局に対する登記申請手続き
②各金融機関に対する解約手続き
③株式等の名義変更手続き
④換価手続き

などを行います。

遺言執行者は遺言内容に従って執行していくことが求められます。

業務が終了した場合は、相続人全員に完了の業務報告をすることにより、業務が完了します。

❼ 遺言執行者になることができる者

遺言執行者は「未成年」「破産者」以外であればどんな人でもなることができます。友人、知人、相続人から選ぶことも全く問題ありません。また、法人も遺言執行者になることができます。

しかし遺言執行者は利害関係に関わることが多いので、手続きをスムーズに行うためにも、遺産相続における利害関係者ではなく、弁護士、司法書士、信託銀行などが相続に関する法律知識のある専門家に依頼することが望ましいでしょう。

また、遺留分を侵害するような内容の遺言の場合は、遺留分減殺請求を受ける可能性がありますので、遺言書作成の段階で必ず専門家の相談した方がよいでしょう。

Q5 遺言執行者の権限で、「できること」と「できないこと」を教えてください。

A 改正前の民法では、個別具体的にどのような権限が付与されているかは明文化されていませんでした。そのため改正によりできることが明確化されました。ただし遺言の内容は多岐にわたるため、できる行為すべてを法律に記載できません。迷った場合は、弁護士などの専門家に相談しましょう。

1 改正法の施行前の問題点

改正法の施行前では、「遺言執行者は、相続財産の管理その他遺言の執行に必要な一切の行為をする権利義務を有する」(改正前1012条1項)こととされていますが、個別具体的にどのような権限が付与されているのかは明確ではないため、遺言執行者の権限の範囲を法律上明確化すべきとの指摘がありました。

また、「遺言執行者は、相続人の代理人とみなす」(現1015条)とされていますが、遺言者の法的地位が必ずしも規定上明確になっていないために、遺言者の意思と相続人の利益とが対立する場合(例えば、遺留分減殺請求がされた場合)、遺言執行者と相続人との間でトラブルが生ずることがありました。

さらに、遺言執行者がいる場合に、遺言執行者と相続人のいずれに(訴訟の)当事者適格が認められるかが争われた例が多数存在しました。

❷ 遺言執行者の一般的権限の明確化

1 遺言執行者の権限

　改正法では、「遺言執行者は、**遺言の内容を実現するため**、相続財産の管理その他遺言の執行に必要な一切の行為をする権利義務を有する」（下線部分が追加部分）とされます（改正 1012 条 1 項）。

　これは、遺言の内容を実現することが遺言執行者の責務とするもので、必ずしも相続人の利益のために職務を行うものでないことを明らかにするものです。これにより、遺留分減殺請求がなされた場合、遺言者の意思と相続人の利益が対立する場面でも、遺言執行者はあくまでも遺言者の遺志に従って職務を行えます。

2 遺言執行者がいる場合の遺贈の履行

　改正法により、遺言執行者がいる場合には、遺贈の履行は、遺言執行者のみが行えることになりました（改正 1012 条 2 項）。

3 遺言執行者の任務の開始の通知

　改正法では、遺言執行者は、その任務を開始したときは、遅滞なく、遺言の内容を相続人に通知しなければなりません（改正 1007 条 2 項）。

　遺言の内容の実現は、遺言執行者がいる場合には遺言執行者がすべきことになり、相続人は、相続財産の処分など遺言の執行を妨げることはできません（改正 1013 条）。そのため、相続人は、遺言の内容および遺言執行者の有無について重大な利害関係を有しています。改正前の民法上、遺言執行者がいる場合、相続人がこれを知る機会が確保されていなかったため設けられたものです。

　金融機関は、改正前の民法下では遺言執行者の存在の確認のために、遺言を確認していました。改正後は、相続人に対する通知の有無を確認することによっても遺言執行者の有無を確認できるようになりました。

4 遺言執行者の行為の効果

改正法では、「遺言執行者がその権限内において遺言執行者であることを示してした行為は、相続人に対して直接にその効力を生ずる」こととされました（改正1015条）。

これは、改正前の民法の「遺言執行者は、相続人の代理人とみなす」（改正前1015条）との文言から変更されたものであり、これにより、遺言執行者は、遺言の内容の実現をすることが職務とされ、必ずしも相続人の利益のために職務を行うものではないこととされました。

Q6 遺言において、不動産や預貯金債権などの特定の財産を特定の相続人に承継させる旨定められている場合は、遺言執行者にはどのような権限があると定められましたか？

　　不動産の対抗要件の具備行為や預貯金の払戻請求や解約の申し入れ等が遺言執行者の権限であることが明確化されました。

① 見直しの必要性

　改正前の民法は、遺言執行者は、遺言の執行に必要な一切の行為をする権限を有するとされていたため（改正前1012条1項）、遺言執行者の権限の内容は、結局のところ遺言の内容によることになりますが、遺言の記載内容からだけでは、遺言者が遺言執行者にどこまでの権限を付与する趣旨であったのかその意思が必ずしも明確でない場合も多く、そのために、遺言執行者の権限の内容をめぐって争いになる場合がありました。

　とりわけ、遺言執行者の権限が取引行為にかかるものである場合には、第三者の取引の安全を図る観点から、遺言執行者の権限の内容を明確にする必要性がありました。

　そこで、改正法では、被相続人による財産の処分として実務上もしばしば用いられる遺贈および遺産分割方法の指定（相続させる旨の遺言）について、その原則的な権限の内容を定めました。

2 遺言執行者の個別類型における権限の明確化

1 対抗要件具備行為

　遺産の分割方法の指定として遺産に属する特定の財産を共同相続人の一人または数人に承継させる旨の遺言（いわゆる「相続させる旨の遺言」です。「特定財産承継遺言」といいます）があった場合には、遺言執行者は、当該共同相続人が権利承継の対抗要件を備えるために必要な行為ができます（改正1014条2項）。

　改正前の民法では、「相続させる旨の遺言」で不動産を特定の相続人に承継させることとした場合は、対抗要件の具備なくして第三者に対抗できましたが、改正法では対抗要件の具備が必要になりました（改正899条の2第1項）。これを前提として、対抗要件具備行為を遺言執行者の権限として明確化されています。

　詳細については、「7　相続による権利の承継」のQ3をご覧ください。

　なお、被相続人が遺言で別段の意思表示をした場合には、対抗要件具備行為は、遺言執行者の権限とはなりません（改正1014条4項）。

2 預貯金債権に関する権限

　「相続させる旨の遺言」（特定財産承継遺言）において、財産が預貯金債権である場合は、遺言執行者は、対抗要件具備行為のほか、預貯金の払い戻しの請求およびその預貯金にかかる契約の解約の申し入れができます。ただし、解約の申し入れは、その預貯金債権の全部が特定財産承継遺言の目的である場合に限ります。（改正1014条3項）

　なお、被相続人が遺言で別段の意思表示をした場合には、対抗要件具備行為は、遺言執行者の権限とはなりません（改正1014条4項）。

　金融機関は、遺言執行者から「相続させる旨の遺言」（特定財産承継遺言）があったとして、預貯金の払戻請求や解約の申し入れがあった場

合には、その遺言の内容および当該遺言執行者が遺言執行者として選任されていることを遺言書によって確認をした上で、預貯金債権の払い戻しや解除に応ずることになります。

○改正前後の遺言執行者の権限

	改正前	改正後
不動産	・不動産の所有権移転登記を取得させることは、民法1012条1項にいう「遺言の執行に必要な行為」に該当する（最判H3.4.19）。 ・ただし、当該不動産が被相続人名義である限り、遺言執行者の職務は顕在化しない（最判H7.1.24）。	・改正1014条2項に基づき、対抗要件具備行為については、原則として、遺言執行者の権限に含まれる。 ・当該不動産が被相続人名義である限り、遺言執行者の職務は顕在化しない。
預貯金債権	・相続させる旨の遺言については、「何らの行為を要せずして、被相続人の死亡の時に直ちに当該遺産が当該相続人に相続により承継される」（最判H3.4.19）。したがって、被相続人名義の預貯金である限り、遺言執行の余地はない。 ・ただし、銀行実務上、遺言執行者の払戻請求に応じている。	・改正1014条3項に基づき、遺言執行者は、預貯金の払戻請求および解約の申し入れをすることができる。 ・預貯金以外の金融商品については、遺言の解釈に委ねられる。

Q7 私は遺言で遺言執行者として指定されましたが、専門知識がありません。弁護士や司法書士などの専門家に遺言執行者の業務を依頼できますか？

A 改正前の民法では、遺言執行者はやむを得ない事由がなければ、第三者に遺言執行者の任務を行わすことはできませんでしたが、改正法では自己の責任で第三者にその任務を依頼できるようになりました。

1　改正の必要性

遺言執行者は、やむを得ない事由がなければ、第三者にその任務を行わせることができませんでした（改正前民法 1016 条 1 項）。

この点、遺言執行者には、未成年や破産者でない限りなれるので、法律の知識が十分でない相続人が遺言において遺言執行者として指定される場合もあります。このような場合には、難しい法律問題を含むような場合などにおいて、その執行者において適切に遺言を執行することが困難な場合もあり得ることから、遺言執行者の復任権の要件を緩和すべきとの指摘がありました。

2　遺言執行者の復任権の緩和

改正法では、遺言執行者は、遺言において別段の定めがない限り、自己の責任で第三者にその任務を行わせることができるようになりました（改正 1016 条 1 項）。

この場合、第三者に任務を行わせることについてやむを得ない事由があるときは、遺言執行者は、相続人に対してその選任および監督についての責任のみを負います（同条 2 項）。

❸ 金融機関としての実務上の対応

　金融機関は、相続人である遺言執行者Ｘから委任されて遺言執行者となったとＹが窓口で預貯金の払い戻しを求める場合には、遺言において、Ｘが遺言執行者として指定されているか、また、遺言執行者の復任について制限がないか確認をする必要があります。また、ＸからＹに対する復任に関する委任状の確認とＹの本人確認もした上で、預貯金の払い戻しに応ずる必要があります。

6 遺留分制度の見直し

事例　Ｘ銀行Ｙ支店の営業担当者Ｚは、被相続人Ａ（配偶者は既に死亡）の長男である相続人Ｂから、Ａの遺言書により同行に開設されたＡ名義の預金1,000万円を「相続させる」ものとしてＡ名義の預金の払戻しを求められました。Ａには他に相続人として次男Ｃがいるが、ＢからＺに対して提示された遺言書によれば遺産は当該1,000万円の預金以外になく、また、Ｃに「相続させる」財産については全く記載されていませんでした。ＺはＢに対してＡ名義の預金の払戻しに応じてよいでしょうか。

（第5．Q1、Q2参照）

　この場合、Ｃは法定相続人として、法定相続分である1/2の1/2である、相続財産の1/4を遺留分減殺請求権により取得することを主張できます。

　改正法の施行前（2019年6月以前）の民法の下では、特定の相続人に「相続させる」預貯金債権について、他の相続人から遺留分減殺請求権が行使されると、その預貯金債権を相続した相続人と遺留分減殺請求をした相続人の共有状態となっていました。そこで、金融機関としては、遺言に基づいて預貯金の相続手続をする相続人に対して、遺留分減殺請求権が行使されていないことを確認する必要がありました。

　改正後（2019年7月以降）は、遺留分侵害請求権が行使されても、受遺者が遺留分権利者に対して金銭債務を負担するだけであり、受遺者が預貯金債権について遺留分減殺請求をした相続人と共有状態にはならないので、金融機関として遺留分減殺請求権が行使されていないことを確認する必要はなくなりました。

　したがって、ＺはＢに対してＡ名義の預金の払戻しに応じてよいことになりました。

被相続人（父親・配偶者は既に亡くなっている）に長男・次男の２人の子供がいる場合において、家業を継いでいる長男にすべて相続させる旨の遺言があると、次男は１円も相続できないのでしょうか？

 遺留分減殺請求により、次男は法定相続分である２分の１の２分の１である、相続財産の４分の１の取得を主張できます。

1 遺留分減殺請求制度とは

　被相続人が特定の相続人に遺産のすべてを譲るといった内容の遺言書を残していた場合など、特定の相続人にだけに有利な内容の遺産分配がなされた場合に、一定の範囲の法定相続人が最低限の遺産の取り分を確保できる制度です。

1 遺留分減殺請求ができる者

　遺留分減殺請求ができるのは、「配偶者」、「子およびその代襲相続人」、「直系尊属」の法定相続人です。

　兄弟姉妹は法定相続人となる場合であっても遺留分減殺請求はできません。また、「相続欠格」、「相続人廃除」または「相続放棄」をした者は、「配偶者」、「子およびその代襲相続人」、「直系尊属」であっても遺留分減殺請求はできません。

　「代襲相続人」とは、本来相続人になるべき人が被相続人の死亡よりも前に死亡していた場合や、「相続欠格」や「相続人廃除」によって相続権を失った場合に、その相続人の代わりに被相続人の相続をする子のことをいいます。

相続人が「相続欠格」や「相続人廃除」により相続権を失った場合には、その子は代襲相続人として遺留分減殺請求権を行使できます。これに対して、相続人が「相続放棄」により相続権を失った場合には、その子は「代襲相続人」とはならず、遺留分減殺請求はできません。

　「相続欠格」とは、「故意に被相続人や先順位・同順位の相続人を死亡させた者」や「詐欺または脅迫によって、被相続人が相続に関する遺言をし、撤回し、取り消し、または変更することを妨げた者」など一定の事由により相続権が否定されることです。

　「相続人廃除」は、相続人が被相続人に対して虐待や重大な侮辱があったり、著しい非行行為があったりした場合に、①被相続人が生前に家庭裁判所に審判の請求を行うことにより、または、②遺言により行う場合には遺言執行者が家庭裁判所に排除の申し立てを行うことです。

②　遺留分と法定相続分の割合

　「法定相続分」とは、遺言がない相続や調停や裁判により遺産分割をする際の基準となる法定相続人の相続割合のことです（民法900条）。

　遺留分として確保される財産は、相続人の組み合わせにより相続人に占める割合が変わります。直系尊属だけが相続人の場合には相続財産の1/3が遺留分となり、それ以外の場合には相続財産の1/2が遺留分権利者全員の遺留分として確保されます（現1028条、改正1042条）。

　遺留分の割合は法定相続分と比べて次のとおりです。

○法定相続分と遺留分

		法定相続分	遺留分
配偶者	配偶者	相続財産の100%	相続財産の1/2
配偶者 ＋子※1	配偶者	相続財産の1/2	相続財産の1/2×1/2
	子	相続財産の1/2÷人数	相続財産の1/2×1/2÷ 人数
子※1	子	相続財産の100%÷人数	相続財産の1/2÷人数
配偶者 ＋直系尊 属※2	配偶者	相続財産の2/3	相続財産の2/3×1/2
	直系尊属	相続財産の1/3÷人数	相続財産の1/3×1/2÷ 人数
配偶者 ＋兄弟姉 妹	配偶者	相続財産の3/4	相続財産の3/4×1/2
	兄弟姉妹	相続財産の1/4÷人数	なし※3
直系尊 属※2	直系尊属	相続財産の100%÷人数	相続財産の1/3×÷人数
兄弟姉妹	兄弟姉妹	相続財産の100%÷人数	なし※3

※1 子がいる場合は、被相続人の直系尊属や兄弟姉妹には法定相続分や遺留分は認められない。
※2 直系尊属がいる場合は、被相続人の兄弟姉妹に法定相続分や遺留分は認められない。
※3 兄弟姉妹は、法定相続分が認められる場合でも遺留分は認められない。

③ 遺留分算定するための財産の価額

「遺留分を算定するための財産の価額」は、「被相続人が相続開始時に有した財産の価額」に「贈与した財産の価額」を加えた額から「債務の全額」を控除した額です（改正1043条1項）。

「遺留分を算定するための財産の価額」
＝「被相続人が相続開始時に有した財産の価額」＋「贈与した財産の価額」－「債務の全額」

「贈与した財産の価額」については、「相続人以外の第三者に対して贈与」（例えば、相続人に該当しない孫や甥・姪などへの生前贈与）した場合は相続開始前1年間のものに限りその価額が算入されますが、「相続人に対して生前贈与された場合」や「当事者双方が遺留分権利者に損害を加えることを知って贈与」（例えば、愛人に対する相続財産全額の贈与）については期間を問いません。

「相続人に対して生前贈与された場合」については、無期限で遺留分を算定するための財産に参入されるため、事業承継に支障が生じるとの意見があり、改正法では、特別受益に該当する贈与で、かつ、原則として相続開始前10年間にされたものが、遺留分を算定するための財産の価額に算定されます。

④ 遺留分減殺請求の方法

遺留分減殺請求は、遺留分減殺の意思表示を行うことによりします。通常は証拠として残すために内容証明郵便によりますが、口頭や手紙、Eメール、FAXといった方法でも構いません。

この結果、話し合いでも解決できない場合は、遺留分減殺調停の申し立てを行います。

内容証明郵便や調停でも遺留分の返還に応じない場合には、被相続人の最後の住所地を管轄する地方裁判所または簡易裁判所に訴えを提起することになります。請求金額が140万円を超える場合は地方裁判所、140万以下の場合は簡易裁判所となります。

⑤ 遺留分減殺請求の請求期限

遺留分減殺請求の請求期限は相続が開始してから1年以内です。

この期限までに、内容証明郵便、急ぐのであれば、口頭や手紙、Eメール、FAXなどで意思表示をする必要があります。

Q2 会社経営者であった被相続人（配偶者は既に死亡）が、事業を手伝っていた長男に会社の土地建物や株式を、次男には少額の預金を相続させる旨の遺言をし、死亡したケースで、遺言に不満のある次男が遺留分減殺請求権を行使しました。会社の土地建物や株式は誰が相続しますか。

A 改正前の民法においては、次男の遺留分減殺請求権の行使により、会社の土地建物や株式について長男・次男の共有状態となり事業承継に支障が生ずるおそれがあります。改正法の下においては、会社の土地建物や株式は長男に相続され、次男は長男に対して金銭債権を有するにとどまります。

1 改正前の問題点

　改正前の民法のもとでは、遺留分減殺により、当然に物権的効果が生ずると解されていました。すなわち、遺贈または贈与の目的財産が特定物である場合、遺留分減殺請求により、遺贈または贈与は遺留分を侵害する限度において失効し、受遺者または受贈者が取得した権利は、その限度で当然に減殺請求をした遺留分権利者に帰属すると解されていました（最高裁昭和51年8月30日、形成権説・物権的効果説）。

　つまり、上記例におきかえると次男が遺留分減殺請求権の行使があれば、場合によっては会社の土地建物や株式の一部を次男が相続します。その結果、会社の土地建物や株式が兄弟間で共有状態となってしまい、事業の意思決定が長男の単独の意思でできなくなってしまいます。

　このような帰結は、円滑な事業承継を困難にするものであり、また、共有関係の解消をめぐって新たな紛争を生じさせることになります。

　例えば、被相続人が特定の相続人に家業を継がせるため、株式や店舗

等の事業用の財産をその者に遺贈するなどしても、減殺請求により株式や事業用の財産が他の相続人との共有となる結果これらの財産の処分が困難になるなど、事業承継後の経営の支障になる場合があるとの指摘もされていました。

遺留分制度は、「遺留分権利者の生活保障」や「遺産の形成に貢献した遺留分権利者の潜在的持分の清算」を目的とする制度であることに鑑みると、その目的を達成するために、必ずしも、直接、相続財産（例えば、土地建物、株式、預金）まで認める必要性はなく、遺留分権利者に遺留分侵害額に相当する価値を返還させることで十分です。

② 改正法による遺留分減殺請求権の金銭債権化

遺留分権利者は、受遺者や受贈者に対し、遺留分侵害額に相当する金銭の支払いを請求できるにとどまることになりました（改正1046条1項）。

これにより、①遺留分減殺請求権の行使により共有関係が当然に生ずることを回避することができ、②遺贈や贈与の目的財産を受遺者等に与えたいという遺言者の意思を尊重できるようになりました。

すなわち、相続人が遺留分減殺請求をしても、特定相続人に遺言で相続された事業承継用の土地建物や株式が受遺者・受贈者と遺留分権利者との間で共有状態にはなりません。事業承継用の土地建物や株式は、遺留分減殺請求権の行使後も受遺者・受贈者の所有となります。ただし、遺留分減殺請求をした相続人に、相当の金銭債務を負担しなければなりません。

③ 裁判所による相当の期限の猶予

金銭を直ちには準備できない受遺者または受贈者の利益を図るため、受遺者や受贈者の請求により、裁判所が、金銭債務の全部または一部の支払いにつき相当の期限を許与できます（改正1047条5項）。

4 金融機関への実務上の影響

改正前の民法では、特定の相続人に遺贈された預貯金債権は、他の相続人から遺留分減殺請求権が行使されると、共有状態となってしまいました。

そこで、金融機関としては、遺言に基づいて預貯金の相続手続きをする相続人に対して、遺留分減殺請求権が行使されていないことを確認する必要がありました。

改正後は、遺留分侵害請求権が行使されても、受遺者が遺留分権利者に対して金銭債務を負担するだけであり、受遺者が預貯金債権について遺留分減殺請求をした相続人と共有状態にはならないので、金融機関として遺留分減殺請求権が行使されていないことを確認する必要はなくなりました。

Q3 亡くなった被相続人（父）が、家業を継ぐ長男に対して20年前に経営をしている会社の株式を贈与していた場合において、次男が遺留分減殺請求権を行使すると、20年前に譲渡された株式は遺留分算定のための財産として算入されるでしょうか？

A 2019年7月1日の改正前は、20年前に生前贈与された株式は遺留分算定のための財産に算入されていました。改正法では、遺留分算定のために算定される生前贈与は、特別受益に該当する生前贈与であって、かつ、10年前までのものに限られることになりましたので、算入されません。

❶ 見直しの必要性

　改正前の民法1030条は、遺留分算定の基礎となる財産に含める生前贈与については、「相続開始前の一年間にしたものに限り」その価額を算入するものと規定していましたが、判例（最判平成10年3月24日）および実務は、この規定は相続人以外の第三者に対して贈与がされた場合に適用されるものであり、相続人に対して生前贈与がされた場合には、その時期を問わず原則としてそのすべてが遺留分算定の基礎となる財産の価額に算入されると解していました。

　しかしながら、このような考え方によると、被相続人が相続開始時の何十年も前にした相続人に対する贈与の存在によって、第三者である受遺者や受贈者が受ける減殺の範囲が大きく変わることになり得ますが、第三者である受遺者や受贈者は、相続人に対する古い贈与の存在を知り得ないのが通常であるため、第三者である受遺者または受贈者に不測の損害を与え、その法的安定性を害するおそれがありました。

つまり、死亡した夫が妻に対して 20 年前に 3000 万円相当の不動産を贈与した場合、婚姻のための贈与として、遺留分算定の基礎とされてしまいます。

② 改正法による見直し（2019 年 7 月 1 日以降）

改正により、相続人に対する贈与のうち、遺留分算定のために算入されるのは、「特別受益に該当する生前贈与」（「婚姻、養子縁組のための贈与」、または、「生計の資本として受けた贈与」）で、かつ、相続開始前の 10 年間にしたものに限られることになり、それより以前の贈与については遺留分算定の基礎から除外されることになりました（改正 1044 条 1 項・3 項）。

「特別受益に該当する生前贈与」のうち、「婚姻、養子縁組のための贈与」とは、被相続人から結婚の際の持参金や嫁入り道具などの贈与を受けたり支度金を受け取ったりした場合や、養子縁組の際に被相続人から居住用の家の提供を受けた場合がこれに該当します。結納金や結婚式の費用は含まれないというのが一般的です。

「特別受益に該当する生前贈与」のうち、「生計の資本として受けた贈与」とは、例えば、相続人が起業する際の事業資金や住居を新築したときの費用援助、新居の不動産や土地の贈与を受けたり、大学や留学のための学費の援助を受けたりした場合が該当します。

③ 実務上の影響

改正前は、後継者に自社株式を集中して承継させようとしても、遺留分を侵害された他の相続人から遺留分に相当する財産の返還を求められた結果、自社株式が分散してしまうなど将来の減殺請求のリスクを考慮して、自社株の承継方法として贈与以外の方法（例えば売買）を選択するケースも多くありました。

改正法により、10 年という期間が設けられたことと、Q2 のとおり遺

留分減殺請求権が金銭債権化されたことにより、中小企業の事業承継が円滑になされることになると考えられます。

　また、平成 30 年度（2018 年度）税制改正において、事業承継税制の特例が創設されており、こちらも 10 年間の特例措置となっていますので、中小企業の事業承継を進めやすい環境が整いつつあります。

7 相続による権利の承継

（1）Ｘ信用金庫は、被相続人Ａ（配偶者は既に死亡）に
融資していた。Ａには、長男Ｂ・次男Ｃの２人の
子どもがいる場合において、所有している土地建物
をＢに「相続させる旨の遺言」をした場合、その
土地建物の登記がＡ名義のままである場合、Ｘ信用金庫は、
相続債務の回収のため、Ｃが相続した法定相続分を差押えで
きるでしょうか。
（2）被相続人Ｘが遺言において、「Ａ（妻）、Ｂ（長男）、Ｃ（次男）
の相続分を各３分の１ずつとする」との相続分の指定を行っ
た場合、被相続人Ｘに対して融資（融資残高1,000万円）
をしていたＹ銀行は、Ａ・Ｂ・Ｃに対して、相続分の指定同様に、
各３分の１ずつの弁済を求めることができるでしょうか。
（3）被相続人Ｘ（配偶者は既に死亡）が、遺言において「Ｙ（長男）
に甲不動産を相続させる旨の遺言」をし、Ｙを遺言執行者に
指定していました。Ｚ（次男）は、Ｘの遺言の内容を知らない
Ａ銀行からの貸付を受けていましたが、貸付債権を被担保債
権として、法定相続分に相当する甲不動産の２分の１につい
てＡ銀行の抵当権を設定し、Ａ銀行がその持分を登記しまし
た。この場合、Ａ銀行が設定した抵当権は有効でしょうか。

① 質問（1）について（第6. Q1参照）

　民法の改正される2019年6月以前においては、「相続させる旨の遺言」
の権利承継は、登記なくして第三者に対抗できるので、金融機関の差押
えの効力は認められませんでした。

　改正法の施行後（2019年7月以降）は、相続させる旨の遺言につい
ても法定相続分を超える部分については、登記等の対抗要件を具備しな
ければ、債務者・第三者に対抗できなくなりましたので、金融機関の差
押えは有効となりました。

　改正法の施行前の民法（2019年6月以前）においては、被相続人で
あるＡ名義のままの登記がされた土地建物について、相続債権の回収
のため特定の法定相続人の法定相続分について差押えを行っても、「Ｂ

に相続させる旨の遺言」の存在が発覚し、B自身の法定相続分（土地建物の各2分の1）に加えてCの法定相続分（土地建物の各2分の1）も含めた不動産の相続をさせることとなっていた場合、X信用金庫の差押えは無効となりました。

改正法の施行後（2019年7月以降）は、土地建物について非相続人A名義のままの登記がなされている場合、Cの法定相続分（土地建物の各2分の1）については、BとX信用金庫は対抗関係に立ち、X信用金庫の差押えは有効となりました。

② 質問（2）について（第6．Q2参照）

改正法の施行前（2019年6月以前）においては、相続債権者は相続分の指定がある場合であっても、相続債務について各相続人に対して、法定相続分に従って請求できると考えられていました。

改正法の施行後（2019年7月以降）は、この考え方が規定として明確化されました。したがって、改正前後を問わず、YはA・B・Cに対して、法定相続分に応じて弁済を請求することができます。

すなわち、Aに対して1/2の500万円、B・Cに対して各1/4の250万円の弁済の請求をすることができます。

③ 質問（3）について（第6．Q3参照）

改正法の施行前（2019年6月以前）においては、A銀行が相続人Zに対して融資をしている場合、相続人Zから相続財産である甲不動産の2分の1の持分について抵当権の設定を受け、その登記もした場合において、その後、「相続人Yに甲不動産を相続させる旨の遺言」が発覚し、その遺言において遺言執行者としてYが指定された場合、相続人Zは相続財産の処分その他遺言執行者であるYの遺言の執行を妨げる行為をすることができず、A銀行が設定した抵当権は無効とされました。

改正法の施行後の施行後（2019年7月以降）においても、改正法に

おいても、遺言執行者がある場合には、相続人は、相続財産の処分その他遺言の執行を妨げるべき行為をすることができず、それに違反した行為は無効となります。しかしながら、遺言の内容に反した相続財産の処分等がなされたことを知らない（善意）の第三者に対抗することができないことになりました。

　したがって、善意のA銀行と遺言によって甲不動産を相続した相続人Yが対抗関係に立ち、甲不動産に対して、相続人Zの法定相続分である2分の1のA銀行の登記された抵当権の効力は認められることになりました。

Q1 被相続人（父親・配偶者は既に亡くなっている）に長男・次男の2人の子供がいる場合において、所有している土地・建物を長男に「相続させる旨の遺言」をした場合、その土地建物の登記が被相続人名義のままのケースでは、被相続人に融資をしていた金融機関は、相続債務の回収のため、次男が相続した法定相続分を差押えできるでしょうか。

A 改正前の民法では、相続させる旨の遺言の権利承継は、登記なくして第三者に対抗できるので、金融機関の差押さえの効力は認められません。改正法では、相続させる旨の遺言についても法定相続分を超える部分については、登記等の対抗要件を具備しなければ、債務者・第三者に対抗できなくなりましたので、金融機関の差押えは有効となります。

1 改正前の問題点

　「相続させる旨の遺言」がある場合には、改正前の判例（最高裁平成14年6月10日）を前提とすると、例えば、これにより相続人が法定相続分を超える割合の不動産を取得したときでも、登記なくしてこれを第三者に対抗できるため、相続債権者が代位により法定相続分に従った相続登記をした上で、各相続人の 共有持分について差押えをしたとしても、遺言の内容と異なる部分の差押さえは無効でした。

　仮に相続債権者が遺言の存在および内容を知っていたとしても、遺言による権利変動を前提として権利行使をするには、遺言がない場合と比べかなりの時間と労力を要しました。

　また、被相続人の債務者も、遺言の存在を知らずに法定相続分に従って弁済をすると、遺言の内容と異なる部分の弁済は原則として無効ということになり、債務者において準占有者に対する弁済の要件を満たして

いることを主張立証しなければならないという負担が生じました。

　このように、現行の判例を前提とすると、遺言がある場合には、遺言がない場合に比べて、相続債権者や被相続人の債務者の法的地位が相当程度不安定なものになりますが、被相続人の法的地位を包括的に承継するという相続の法的性質に照らし、被相続人の相手方当事者（相続債権者や被相続人の債務者）が相続の開始によってこのように不安定な地位に置かれるのは必ずしも合理的でありませんでした。

〇改正前

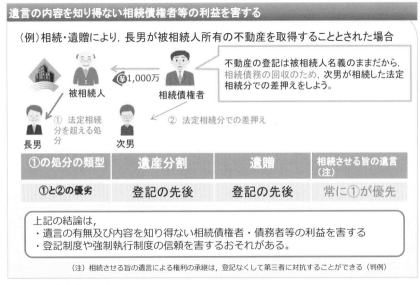

出所：法務省作成資料

② 改正法における取り扱い（2019年7月以降）

① 相続による権利承継の対抗要件（改正899条の2第1項）

　相続による権利の承継は、遺産の分割によるものかどうかに関わらず、法定相続分を超える部分については、登記、登録その他の対抗要件を備

えなければ、第三者に対抗できません。

　すなわち、これまでの判例において、対抗要件なく第三者に対抗できるとされていた相続分の指定がされた場合や相続させる旨の遺言がされた場合も、第三者との関係では対抗要件の具備が必要です。

○改正後

> **改正後の規律**
>
> 　相続させる旨の遺言についても，**法定相続分を超える部分については**，登記等の対抗要件を具備しなければ，債務者・第三者に対抗することができない。
>
> 改正後の①と②の優劣
>
> | ①の処分の類型 | 遺産分割 | 遺贈 | 相続させる旨の遺言 |
> |---|---|---|---|
> | ①と②の優劣 | 登記の先後 | 登記の先後 | 登記の先後 |
>
> **遺言の有無及び内容を知り得ない相続債権者・債務者等の利益や第三者の取引の安全を確保**※登記制度や強制執行制度の信頼を確保することにもつながる

出所：法務省作成資料

【事例1】

Aは、遺言により、その所有する甲不動産を相続人Bに対して相続させる旨の遺言をして死亡した。Aの相続人であるCは、甲不動産の登記が未了であったことから、自己の名義とした上で、第三者であるDに売却し、登記をした。

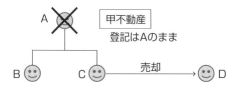

（現行法）

Bは、Dに対し、登記なくして甲不動産の権利を対抗できる。

（改正法）

Bは、Dに対して、法定相続分（2分の1）については、登記なくして対抗できるが、法定相続分を超える部分については、登記していないため対抗できない。

②　相続による権利が債権である場合（改正899条の2第2項）

　相続による権利が債権である場合において、法定相続分を超えて当該債権を承継した共同相続人が当該債権にかかる遺言の内容（遺産の分割により当該債権を承継した場合は、当該債権にかかる遺産の分割の内容）を明らかにして債務者にその承継の通知をしたときは、共同相続人の全員が債務者に対抗要件にかかる通知をしたものとみなされることになりました。

　これは、譲渡人による通知等を債権譲渡の対抗要件としている債権（民法467条）について、相続により法定相続分を超える割合を承継した場合における受益相続人による単独での通知の方法を定めたものです。

　詐称債権者による虚偽通知防止の観点から、受益相続人による単独での通知に際しては、法定相続分を超えて債権を承継した受益相続人が遺

言等の内容を明らかにして債務者に通知が必要です。

【事例2】

A には、相続人である子 B と C がいるが、A は遺言により、その所有する財産を B にすべて相続させる旨の遺言をして死亡した。A の遺産には、D に対する 1,000 万円の貸金債権がある。

（現行法）※相続は包括承継による譲渡

B および C から、D に対する通知が必要（民法 467 条 1 項）。

（改正法）

B から D に対する確定日付による通知（遺言の内容を明らかにしたもの）をもって C からも通知がなされたものとして、第三者対抗要件も具備される（民法 467 条 2 項）。

---

③ 共同相続における権利の承継の対抗要件に関する経過措置（改正法附則 3 条）

　上記（1）および（2）については、同制度の施行日（2019 年 7 月 1 日）前に開始した相続に関し遺産の分割による債権の承継がされた場合において、施行日以後にその承継の通知がされるときにも、適用されます。

❸ 金融機関への実務上の影響

　改正前の民法においては、金融機関は、被相続人に対するローン債権の期限が到来している間に、被相続人が亡くなり相続が開始された場合において、被相続人名義のままの登記がされた不動産について、相続債

権の回収のため特定の法定相続人の法定相続分について差押さえを行っても、その後に、相続させる旨の遺言の存在が発覚し、他の相続人に法定相続分を超える不動産の相続をさせることとなっていた場合、その差押えは無効となりました。

改正後では、このような場合、対抗関係で処理され、金融機関の差押えは有効となりました。

また、相続させる旨の遺言により、預金を相続した受益相続人が遺言の内容を明らかにして債務者である金融機関にその承継の通知をした場合には、共同相続人全員が債務者である金融機関に通知をしたものとみなされます。金融機関としては遺言の内容を確認して、第三者対抗要件として有効か判断することになります。

被相続人Xが遺言において、「A（妻）、B（長男）、C（次男）の相続分を各３分の１ずつとする」との相続分の指定を行った場合、被相続人Xに対して1,000万円の融資をしていた金融機関Yは、A・B・Cに対して、相続分の指定同様に、各３分の１ずつの弁済を求めることができますか。

A 改正前の民法では、相続債権者は相続分の指定がある場合であっても、相続債務について各相続人に対して、法定相続分に従って請求できると考えられていました。改正法では、この考え方が規定として明確化されました。したがって、改正前後を問わず、YはA・B・Cに対して、法定相続分に応じて弁済を請求することができます（すなわち、Aに対して２分の１の500万円、B・Cに対して各４分の１の250万円）。

1 改正前の考え方

「相続分の指定」とは、遺言により、共同相続人の全部または一部の者について、法定相続分の割合とは異なった割合で相続分を定め、またはこれを定めることを第三者に委託することをいいます（現902条）。例えば、「A（妻）、B（長男）、C（次男）の相続分を各３分の１ずつとする」とか、「A（妻）に遺産の50%、B（長男）に30%、C（次男）に％を与える」などというように、相続財産全体に対する割合で指定がなされます。

「包括遺贈」とは、「相続財産の半分をAに遺贈する」のように相続財産の全部または一定の割合で指定して行う遺贈のことをいいます。

遺言で相続分の指定や包括遺贈がされた場合には、改正前の民法の規定上、相続債務についても積極財産と同じ割合で承継されるようにも読めますが（改正前民法902条、990条）、判例（最判平成21年３月24日）

は、相続債務の承継割合についてまで遺言者にこれを変更する権限を認めるのは相当でないとして、相続分の指定等がされた場合でも、相続人は、原則として法定相続分に応じて相続債務を承継すると考えられていました。

ただし、相続人の内部関係においては、指定相続分に応じた負担割合になると考えられています。したがって、仮に相続人が法定相続分に基づいて債権者に弁済した場合、後に他の相続人に対し、指定相続分に基づいて求償することは可能と考えられていました。

② 改正法による明確化

改正法においては、改正前の民法の考え方が明確化されました。
被相続人が相続開始の時において有した債務の債権者は、相続分の指定がされた場合であっても、各共同相続人に対し、法定相続分に応じてその権利を行使できます（改正902条の2本文）。

ただし、その債権者が共同相続人の一人に対してその指定された相続分に応じた債務の承継を承認したときは、相続分の指定に応じた権利の行使をすることになります（同条ただし書）。

Q3 被相続人Ｘ（父・配偶者は既に死亡）が、遺言において「Ｙ（長男）に甲不動産を相続させる旨の遺言」をし、Ｙを遺言執行者に指定したにもかかわらず、Ｚ（次男）が法定相続分に相当する甲不動産の２分の１を、遺言の内容を知らない第三者Ａに譲渡し、Ａがその持分を登記した場合、Ａは甲不動産の２分の１の持分を取得できますか？

A 改正前の民法では、遺言執行者が指定されているためにＡへの譲渡は無効です。改正法施行後では、遺言に反して譲渡がなされたことについて善意のＡとＹは、甲不動産の２分の１については対抗関係に立ち、登記をしているＡへの譲渡は有効です。

❶ 遺言執行者がいる場合の相続人の行為の効力〜現行法の問題点

　改正前の民法上、遺言執行者がいる場合、相続人は、相続財産の処分その他遺言の執行を妨げる行為をすることができないとされていました（改正前1013条）が、これに違反した場合の効果を判例は絶対無効としていました（大審院昭和5年6月16日判決）。

　また、別の判例では、遺言者が不動産を第三者に遺贈して死亡した後、相続人の債権者が当該不動産を差押さえた場合について、当該受遺者と相続人の債権者は対抗関係に立つとしていました（最高裁昭和39年3月6日判決）。

　これらの判例を整理すると、遺贈がなされた場合、遺言執行者がいれば遺贈が絶対的に優先するのに対して、遺言執行者がいない場合は受遺者と第三者の対抗関係に立つことになります。

　このような考え方によれば、遺言の存否および内容を知らない第三者

が不測の損害を被るおそれがありました。特に、遺贈の目的物が動産の場合は民法192条による善意取得により、遺贈の目的が債権である場合における債務者による相続人に対する弁済が民法478条の準占有者への弁済により善意者が保護される余地がありましたが、遺贈の目的が不動産である場合は、不動産に公信力が認められないため、取引の安全を害するおそれがありました。

❷ 改正法による手当て

改正法においても、遺言執行者がある場合には、相続人は、相続財産の処分その他遺言の執行を妨げるべき行為をすることができず、それに違反した行為は無効となります（改正1013条1項、2項本文）。

しかしながら、遺言の内容に反した相続財産の処分等がなされたことを知らない（善意）の第三者に対抗することができないことになりました（改正1013条2項ただし書）。

❸ 金融機関の実務への影響

改正前の民法上、金融機関Aが相続人Zに対して融資をしている場合、相続人Zから相続財産である甲不動産の2分の1の持分について抵当権の設定を受け、その登記もした場合において、その後、「相続人Yに甲不動産を相続させる旨の遺言」が発覚し、その遺言において遺言執行者が指定された場合、金融機関Aが設定した抵当権は無効となりました。

改正法においては、善意の金融機関Aと遺言によって甲不動産を相続した相続人Yが対抗関係に立ち、甲不動産に対して、相続人Zの法定相続分である2分の1の抵当権の効力は認められることになりました。

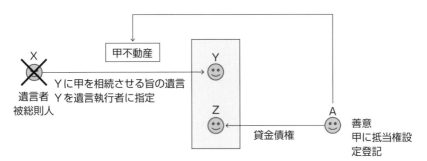

（改正前民法）Aは甲の１／２の持分の抵当権の効力が認められない。
（改正法）Aは甲の１／２を持分の抵当権の効力が認められる。

8 特別寄与者の取り扱い

Q&A

Q1 X（女性）は、夫であるY（亡き長男）が亡くなった後も（XとYの間に子供はいない）、同居していたYの父親Zの療養看護を続けていました。Zが遺言がなく亡くなった場合であって、相続人A（長女）・B（次男）がいる場合、XはA・Bに対して自らの貢献について何らかの請求ができるでしょうか？

A 改正前の民法（2019年6月以前）ではXはA・Bに対して請求できませんでしたが、改正法の施行（2019年7月以降）により、相続人以外の親族が、被相続人の療養看護等を行った場合、一定の要件のもとで、相続人に対して金銭（特別寄与料）の支払を請求できることになりました。

❶ 改正前の問題点

　改正前の寄与分は、相続人にのみ認められていました。例えば、相続人の妻が、被相続人（夫の父）を長年にわたり療養看護をした場合でも、遺産分割手続きにおいて、相続人でない妻が寄与分を主張したり、あるいは何らかの財産の分配を請求したりすることはできませんでした。

　この点については、夫の寄与分の中で妻の寄与を考慮することを認める裁判例も存在しますが（東京家審平成12年3月8日等）、このような取り扱いに対しては、寄与行為をした妻ではなく夫に寄与分を認める法的根拠が明らかでないといった指摘がされていました。また、前記事例において、推定相続人である夫が被相続人よりも先に死亡した場合には、前記裁判例のような考え方によっても、妻の寄与行為を考慮することができないことになりますが、このような結論は実質的公平に反するのではないかとの指摘もされていました。

　さらに、被相続人の生前には親族としての愛情や義務感に基づき無償

で自発的に療養看護等の寄与行為をしていた場合でも、被相続人が死亡した場合にその相続の場面で、療養看護等を全く行わなかった相続人が遺産の分配を受ける一方で、実際に療養看護等に努めた者が相続人でないという理由でその分配に与れないことについては、不公平感を覚える者が多いとの指摘がされていました。

○改正前の民法

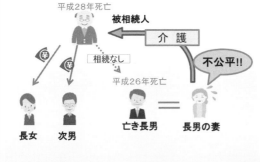

出所：法務省作成資料

2 特別の寄与

1 特別寄与者による特別寄与料の請求（改正1050条1項）

　被相続人に対して無償で療養看護その他の労務の提供をしたことにより被相続人の財産の維持または増加について特別の寄与をした被相続人の親族（相続人、相続の放棄をした者および相続人の欠格事由に該当しまたは廃除によってその相続権を失った者を除きます）は、相続の開始後、相続人に対し、特別寄与者の寄与に応じた額の金銭の支払いを請求できます。

　このような請求ができる者を「特別寄与者」といい、特別寄与者が得る金銭を「特別寄与料」といいます。

② 協議が整わない場合（同条２項）

　特別寄与料の支払いについて、当事者間に協議が調わないとき、または協議できないときは、特別寄与者は、家庭裁判所に対して協議に代わる処分を請求できます。ただし、特別寄与者が相続の開始および相続人を知った時から６カ月を経過したとき、または相続開始の時から１年を経過したときは、この請求はできません。

③ 協議が整わない場合の特別寄与料（同条３項）

　上記②の場合には、家庭裁判所は、寄与の時期、方法および程度、相続財産の額その他一切の事情を考慮して、特別寄与料の額を定めることとされています。

④ 特別寄与料の上限（同条４項）

　特別寄与料の額は、被相続人が相続開始の時において有した財産の価額から遺贈の価額を控除した残額を超えることができません。

⑤ 特別寄与料の負担（同条５項）

　相続人が数人ある場合には、各相続人は、特別寄与料の額に法定相続分を乗じた額を負担します。

　　○改正後

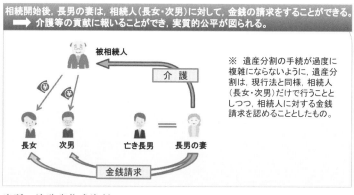

出所：法務省作成資料

③ 特別の寄与に関する審判

家事審判法においては、特別の寄与に関する審判の手続きが定められます。

① 管轄（家事事件手続法216条の2）

特別の寄与に関する処分の審判事件は、相続が開始した地を管轄する家庭裁判所の管轄に属します。

② 給付命令（同法216条の3）

家庭裁判所は、特別の寄与に関する処分の審判において、当事者に対し、金銭の支払いを命ずることができます。

③ 即時抗告（同法216条の4）

次の①および②の審判に対しては、当該各号に定める者は、即時抗告できます。

①特別の寄与に関する処分の審判：申立人および相手方

②特別の寄与に関する処分の申し立てを却下する審判：申立人

④ 特別の寄与に関する審判事件を本案とする保全処分（同法216条の5）

家庭裁判所（本案の家事審判事件が高等裁判所に係属する場合は、高等裁判所）は、特別の寄与に関する処分についての審判または調停の申し立てがあった場合において、強制執行を保全し、または申立人の急迫の危険を防止するため必要があるときは、当該申し立てをした者の申し立てにより、特別の寄与に関する処分の審判を本案とする仮差押え、仮処分その他の必要な保全処分を命ずることができます。

【編著者紹介】

渡邉　雅之（わたなべ　まさゆき）
弁護士法人三宅法律事務所　　パートナー弁護士／公認不正検査士（CFE）

1995 年　　　　東京大学法学部卒業
1998 ～ 2000 年　総理府勤務
2001 年　　　　弁護士登録（第二東京弁護士会）
2007 年　　　　Columbia Law School（LL.M.）修了
2011 年～　　　成蹊大学法科大学院非常勤講師（金融商品取引法）
●主な取扱業務：金融規制法・コンプライアンス業務、保険法、民暴・マネロン対策、M&A 業
　　　　　　　　務
●主　　　　著：「Q&A マイナンバー法成立で銀行実務がどのように変わるか」（ビジネス教育出
　　　　　　　　版社，2013）、「金融実務マイナンバー取扱いハンドブック」（ビジネス教育出版，
　　　　　　　　2015）、「いまからスタート マイナンバー制度がだれでもわかる Q&A・チェッ
　　　　　　　　クリスト」（第一法規，2015）、「ポケット版マイナンバー実務手引」（日本法令，
　　　　　　　　2016）、「実例に基づく取締役会評価の最善の手法と事例」（日本法令，2016）、「こ
　　　　　　　　れ一冊で即対応 平成 29 施行改正個人情報保護法 Q&A と誰でもつくれる規
　　　　　　　　程集」（第一法規，2016）、「改正民法に基づく［業種別］定型約款のつくり方・
　　　　　　　　見直し方」（日本法令，2018）、「マネー・ローンダリング反社会的勢力対策ガイ
　　　　　　　　ドブック」（第一法規，2018）

改正後の金融実務がわかる！ Q&A 新相続法

2021 年 12 月 10 日　　初版第 1 刷発行

著　者　渡　邉　雅　之

発行者　中　野　進　介

発行所　株式会社ビジネス教育出版社

〒 102-0074　東京都千代田区九段南 4-7-13
TEL 03（3221）5361（代表）／ FAX 03（3222）7878
E-mail▶info@bks.co.jp URL▶https://www.bks.co.jp

落丁・乱丁はおとりかえします　　　　　　　印刷・製本／壮光舎印刷株式会社
ISBN978-4-8283-0908-8